새로운 삶을 이끄는

힐링의 힘

역자 임은진

고려대학교를 졸업하고 미국 오리건주립대학교의 박사과정을 수료했다. 현재 미국 버팔로대학교에서 객원교수로 재직중이다. 저서로는 『시간과 인간』, 『삶을 바꾸는 명상』 외에 다수가 있다.

새 로 운 삶 을 이 끄 는

힐링의 힘

지은이   데일 카네기
역자   임은진

초판 1쇄   2021년 4월 30일

펴낸 곳   **예감**
발행인   이규종
등록   제2015-000130호

주소   경기도 고양시 덕양구 호국로 627번길 145-15
전화   031-962-8008
팩스   031-962-8889
이메일   elman1985@hanmail.net

값   13,800원

새로운 삶을 이끄는

힐링의 힘

데일 카네기 지음 | 임은진 옮김

예감

이 책을 읽을 필요가 없다고 생각하는 사람에게 일러둔다!

이 책을 70페이지까지 읽었는데도 인생을 향유(享有)할 수 있는

새로운 힘과 영감(靈感)을 얻지 못했다면 찢어서 휴지통에 던져버려라.

당신에게 아무런 이익이 되지 않는 책이기 때문이다.

나는 여러분에게 이 책을 정독하라고 권장하는 바이다.

항상 곁에 두고, 여러분의 삶에 대입할 수 있는 부분은

밑줄을 치도록 하라.

이 책은 흔히 말하는 '읽기 위한 책'이 아니라

그대를 새로운 삶으로 이끄는 '안내서'이다.

— 데일 카네기

젊은 시절, 나는 뉴욕에서 가장 불행한 젊은이 중 하나였다. 먹고살기 위해 트럭을 판매하는 일을 했지만 트럭이 어떻게 해서 움직이는 줄도 몰랐고 또 알려고 하지도 않았다. 나는 내 일을 경멸했으며, 바퀴벌레가 우글우글한 싸구려 셋방에 틀어박힌 내 삶을 경멸했다. 벽에는 몇 개의 넥타이가 걸려 있었는데, 아침에 그것을 집으면 바퀴벌레가 우르르 몰려나와 이리저리 흩어졌다. 그렇게 셋방을 나서면 또다시 바퀴벌레가 기어다니는 값싸고 불결한 레스토랑에서 식사를 해야만 했다.

그러다가 밤이 되면 절망, 고뇌, 고통에 시달리면서 텅 비어 있는 방으로 돌아오곤 했다. 그 시절 나는 학창 시절 품고 있던 꿈이 산산조각이 나 버렸다는 것을 알고 이에 절망하고 있었다.

이것이 인생이라는 말인가? 내가 그렇게도 기대했던 인생이 겨우 이런 것이었던가? 하기 싫은 일을 하고 바퀴벌레와 같이 살며 형편없는 음식을 먹고, 아무 희망도 없는 이런 게 내 인생이라는 말인가…….

나는 학창 시절에 꿈꾸었던 독서와 창작을 할 시간이 필요했다.

그리고 지금 내가 하고 있는 이 구역질나는 일을 그만 두어도 결코 손해보지 않을 것이라는 사실을 잘 알고 있었다. 어쩌면 도리어 이 득이 될지도 몰랐다. 나는 돈 버는 일보다는 인생을 깊이 음미하는 데 흥미가 있었기 때문이다. 그 즈음 나는 대개의 젊은이들이 인생의 출발점에서 마주치는 결단의 시기에 와 있었다.

나의 결단은 이러했다. 하기 싫은 일을 그만두고 미주리 주립대에서 4년간 공부한 경험을 살려 야간 학교의 성인 클래스에서 강의를 한다. 그렇게 되면 낮에는 책을 읽고 강의 준비를 하는 것은 물론 소설도 쓸 수 있다. '쓰기 위해 생활하고 생활하기 위해 쓰는' 일을 할 수 있게 되는 것이다.

사람들에게 무엇을 가르치면 좋을까. 학생시절을 돌이켜보건대, 많은 사람들 앞에서 이야기를 했던 것이 일을 하거나 처신하는 데 커다란 도움이 되었다. 그 경험은 소극적이고 겁 많은 모습을 변화시키고 용기와 자신감을 불어넣어 주었다. 또한 주도권은 언제나 앞장서서 자기의 의견을 피력하는 사람에게 기울기 마련이다.

나는 콜롬비아 대학과 뉴욕 대학에 야간 시간 때 '화술'을 강의하고 싶다고 신청했지만 모두 거절당했다. 당시에는 실망했지만 오히려 다행이었다. 기독교 청년회의 야간학교에서 강의를 하게 되었기 때문이다. 하지만 문제점은 단시간에 강의 효과를 올려야 할 필요가 있다는 것이다.

그곳을 찾는 사람들은 학위나 사회적 명성을 따기 위해서가 아니라 단지 스스로의 문제를 해결하기를 원했다. 그들은 자신이 몸담고 있는 모임에서 주저하지 않고 의견을 말할 수 있게 되기를 바랐고, 자신감과 침착함을 몸에 익혀 스스로를 발전시키며 가족을 위해 보다 많은 돈을 벌기를 바랐다. 그들의 수업료는 분할불입이었기 때문에 강의의 효과가 없으면 납입이 정지됐다. 나는 애초에 월급제가 아닌 이익의 몇 할을 가져가는 계약직 강사였으므로 생활을 위해서라도 보다 계획적이고 현실적이 되지 않을 수 없었다.

당시 나는 내 스스로 열등감에 사로잡혀 강의를 진행했지만 그것은 그 자체로 값진 훈련이었다. 나는 끊임없이 학생들에게 자극을 주고 그들이 스스로의 문제를 해결하는 것을 도와 주어야 했다. 게다가 매 강의마다 흥미 있는 주제를 선택해 학생들이 계속 출석하도록 만들어야만 했다.

그 일은 나를 들뜨게 하고 흥분시키기에 충분했다. 나는 내 일에 만족하고 내 일을 사랑했다. 클래스는 내 기대 이상으로 발전을 거듭했고 학생들은 자신감에 찬 모습으로 직장 생활에서도 고속으로 승진되었다. 그러자 하룻밤에 5달러를 지불하면서도 갖은 생색을 내던 기독교 청년회가 무려 30달러를 지불하기 시작했다.

나는 처음에는 화술만 가르치다가 이들에게 보다 중요한 것은 바로 인간관계라는 것을 깨달았다. 누군가를 사귀고 그에게 적절한 영향을 주는 것이야말로 참 어려운 일이었다. 나는 '인간관계'에 관한 적당한 책을 찾지 못한 채 내 손으로 집필을 하기 시작했다. 그것들은 모두 클래스에서 했던 경험을 토대로 한 것들이었다. 그리고 그 책을 클래스의 교과서로 썼다.

해가 거듭할수록 나는 사람들에게 가장 큰 문제 중 하나가 '괴로움'
이라는 것을 알게 되었다. 내가 가르치는 대부분의 사람들은 실업
가, 지배인, 세일즈맨, 기사, 회계사 등이었고 그들은 괴로움에 관
련된 문제를 끌어안고 있었다. 때때로 가정주부들도 있었지만 그들
역시 마찬가지였다.

　나는 괴로움을 해결해 줄 교과서를 찾기 위해 뉴욕의 큰 도서관
으로 향했다. 놀랍게도 괴로움이라는 표제로 등록된 책은 22권에
불과했다. 한편 '벌레'를 타이틀로 한 책은 무려 189권이나 되었
다. 벌레에 관한 책이 괴로움에 관한 책의 아홉 배라니! 실로 놀라
운 일이 아닐 수 없었다.

　괴로움은 사람이 직면하고 있는 가장 큰 문제 중 하나다. 따라서
전국의 학교나 전문기관에서 '괴로움을 해결하는 방법'에 대해 강
의를 하고 있을 것이라 여겼던 내 생각을 단순히 착각이라고 말할
수 있을까. 나는 지금까지 어느 학교에서도 그런 강의를 하고 있다
는 얘기를 들어본 적이 없다. 나는 괴로움에 관한 22권의 책을 훑
어보았고 닥치는 대로 그에 관련된 책을 샀으나, 마땅한 교재를 찾

아내지는 못했다. 그래서 스스로 쓰기로 결심한 것이다.

나는 이 책을 7년 동안 준비했다. 모든 시대의 모든 철학자가 고민에 관해 언급했던 대목을 읽었고, 공자(孔子)에서부터 처칠에 이르기까지 저명한 위인들의 전기(傳記)를 거의 모두 독파했다. 또여러 방면의 저명 인사들과의 만남도 주저하지 않았다.

그러나 그것은 시작에 불과했다.

나는 면담이나 독서보다도 더 중요한 일, 즉 성인 클래스라는 살아 있는 연구소에서 5년간 괴로움을 해결하는 방법을 연구했다. 내가 아는 한 이 클래스는 전 세계를 통틀어 괴로움을 연구하는 최초의, 그리고 유일한 연구소다. 나는 학생들에게 괴로움을 해결하는 방법에 관한 몇 가지 원칙을 주고, 그들로 하여금 그것들을 자신의생활에 적용한 뒤 그 결과를 수업시간에 이야기하도록 했다.

이처럼 나는 이제까지 그 누구보다도 많이 '어떻게 해서 나는 고민을 극복했는가'라는 이야기에 귀를 기울여 왔다. 또 괴로움 극복에 관한 편지 수천 통을 읽었으며 미국과 캐나다의 219개 도시에서 열렸던 클래스에서 입상한 실험담도 참작하였다.

미리 말해 두지만, 이 책은 상아탑의 결실이 아니다. 또한 괴로움을 어떻게 해결하느냐에 대한 학구적인 설교도 아니다. 나는 수천 명의 실제 인물을 통해 '어떻게 괴로움을 극복했는가'에 대한 간결하고 기록적인 보고를 제시하려고 애썼다.

이 책에 등장하는 사람들은 결코 가공의 인물이 아니다. 두셋 정도를 제외하고는 모두 실제 인물이다.

프랑스의 철학자이며 시인인 발레리는 '과학은 성공한 처방의 집대성(集大成)이다'라고 말했다. 이 책도 그런 종류의 것이다. 생활의 괴로움을 해소하기 위한, 효과가 확실한 처방의 집대성이다. 그러나 주의해 주기 바란다. 이 가운데에서 색다른 것을 찾아내지 못해 실망하게 된다 하더라도 평소에 응용되지 않았던 여러 가지 것을 발견할 것은 틀림없다.

우리는 완전한 생활을 영위하기 위한 조건이 무엇인지에 대해 이미 알고 있으며 산상수훈(山上垂訓)을 비롯한 많은 황금률을 접해 왔다.

이처럼 우리는 괴로움을 몰라서가 아니라 그것을 극복하려는 노력을 하지 않고 있을 뿐이다. 이 책의 목적은 옛날부터 이어진 기본적인 진리를 다시 설명하고, 조금 손을 보고 조절해서 행동에 옮길 수 있는 지침으로 만든 것뿐이다.

여러분은 단순히 이 책이 어떻게 해서 쓰여졌는가를 알기 위해 이 책을 손에 든 것은 아닐 것이다. 지금 여러분은 행동을 구하고 있을 것이다. 그렇다면 좋다, 지금부터 시작하자.

우선 70쪽까지는 묵묵히 읽어 주기 바란다. 그랬는데도 인생을 즐길 수 있는 무엇인가 새로운 힘과 영감을 얻지 못한 사람들은 가차없이 이 책을 휴지통에 던져 버리기 바란다. 그런 사람들에게는 이 책이 아무런 쓸모도 없기 때문이다.

어느 화창한 날,

데일 카네기

차례 __ 새로운 삶을 이끄는 힐링의 힘

1

오늘이라는 테두리 안에서 살아라

어느 한 청년이 책을 읽다가 마음이 끌리는 구절 하나를 발견했다. 그 구절은 청년의 장래에 큰 영향을 주었다. 당시 그는 몬도릴 제너럴 병원의 의학도였고, 졸업을 앞두고 졸업 시험에 합격할 수 있을까, 합격한다면 무엇을 할 것이며 어디로 갈 것인가, 어떠한 방법으로 개업하고 장차 어떻게 살아 나가야 할 것인가에 대해 심각하게 고민하고 있었다.

그러던 중 1871년에 읽게 된 책의 한 구절이 그를 당대의 가장 유명한 의사로 만들었다. 이후 그는 세계적으로 알려진 존스 홉킨스 의과 대학을 창립했고 영국 의사로서 최대의 명예인 옥스퍼드 대학의 명예 교수가 되었다. 그는 영국 왕으로부터 훈관(勳官)을 제수받았고 그가 죽고 난 후에는 1,500페이지에 달하는 두 권의 전기가 간행되었다.

그의 이름은 서어 윌리엄 오슬러이며 1871년에 그가 읽은 구절은 칼라일의 말이다. 오슬러는 그 한 구절을 읽음으로써 일생 동안의 고민으로부터 해방될 수 있었다.

☑ 우리들에게 중요한 것은 멀리 있는 희미한 사물을 보는 것이 아니고 뚜렷하게 가까이 있는 것을 몸소 실행하는 데 있다.

그로부터 42년 후 교정에 튤립이 만발한 봄날 저녁 오슬러는 예일 대학 학생들을 대상으로 연설을 했다. 그는 총 네 개 대학의 교수였고 저명한 저술서를 집필했으므로 사람들은 그를 특별한 능력을 가진 사람으로 여겼다. 그러나 그는 자기가 '가장 평범한 두뇌의 소유자'에 불과하다는 사실을 잘 알고 있었다.

그렇다면 그의 성공 비결은 무엇이었던가. 그것은 '현재의 삶'을 누렸기 때문이다. 그렇다면 이 말은 과연 무엇을 의미하는가.

예일 대학에서 연설을 하기 두서너 달 전 오슬러는 큰 배를 타고 대서양을 건너 미국에 왔다. 오슬러가 탄 배는 선장이 버튼 하나만 누르면 즉시 배의 각 부분이 차례로 닫혀 방수실(防水室)로 변하는 기능을 갖추고 있었다.

오슬러는 예일 대학 학생들에게 이렇게 말했다.

"이제 여러분은 이 여객선보다 훨씬 훌륭한 조직체 속에서 보다 긴 항해를 해야 할 것이다. 나는 여러분에게 편하게 항해할 수 있는 방법을 알려 주고 싶다. 반드시 오늘이라는 구획(區劃)을 정해 살도록 기계를 조절하라. 선교(船橋)에 올라가 보면 배를 움직이는 기관들이 모두 잘 정돈되어 있음을 알 수 있을 것이다. 버튼을 눌러 보라. 여러분의 인생은 순식간에 과거로 열린 문을 닫게 되고 이미 소용없는 어제의 철문을 닫는 소리가 곧이어 들려 올 것이다. 또 하나의 버튼을 눌러라. 그 버튼은 미래, 아직 다가오지 않은 내일을 닫아 버릴 것이다. 그리고 비로소 여러분은 오로지 '오늘'을 안전하게 항해할 것이다……."

그렇다면 과연 이 말이 내일을 위해 아무것도 준비하지 말라는 뜻일까? 결코 그렇지 않다. 그는 다름 아닌 내일을 위해 모든 정열을 쏟아 오늘 일을 해치우라고 권고하고 있다. 그것이 바로 내일을 위한 가장 최선의 준비이기 때문이다.

오슬러는 또한 그리스도의 기도인 '오늘 우리에게 일용할 양식을 주시고……'로 하루를 시작하도록 권했다. 이때 이 기도가 오늘의 양식에 집중되어 있다는 것을 잊어서는 안 된다. 이 기도에서 어제 먹었던 빵을 불평해서는 안 된다는 것이다.

"오, 주여 요즈음 밀밭에 물이 말랐습니다. 앞으로 가뭄이 얼마나 오래 계속될지 모르겠습니다. 이대로 가다가는 내년에 먹을 밀은 어떻게 구할 수 있을까요? 만일 내가 실업자가 된다면…… 아! 하나님이시여, 그때 저는 어떻게 빵을 구해야 합니까?"

우스꽝스러운 이 기도는 오늘의 빵이야말로 입에 넣을 수 있는 유일한 빵임을 말해 준다.

옛날에 그리스도가 돌이 너무 많아 척박해진 어느 동네를 서성대고 있었다. 어느 날 언덕 위에 서 있는 그를 보고 군중들이 모여들었다. 그때 그는 다음과 같이 말했다.

☑ 내일 일을 고민하지 말라. 내일 일은 내일 가서 고민하라.
하루의 노고는 그날로 충분하다.

그렇지만 많은 사람들이 그리스도의 말씀을 거부했다. 그들은 이 말씀을 실행 불가능한 이상이며 동양적 신비주의라고 비난했다.

"나는 내일 일을 생각하지 않으면 안 된다. 가족을 보호하기 위해 보험에 들어야 하며 노후를 대비해서 저축을 해두어야 한다. 또한 출세를 위해서 장래를 계획하고 준비해 두어야 한다."

물론 그래야 한다. 더구나 3백 년 이전에 영어로 번역된 그리스도의 말씀이 오늘날까지 통할 리는 없는 것이다.

3백 년 전에는 '생각'이 곧잘 '걱정'을 의미하는 말로 쓰여졌다. 그래서 개정판 성경에는 '내일 일을 염려하지 말라'고 쓰여 있다. 내일 일을 용의주도하게 생각하고 준비하며 계획하되 불안해하지 지 말라는 이야기다.

제2차 세계대전 중 미국의 군 지도자가 내일을 위한 계획을 세웠다. 그러나 불안을 품을 여유는 없었다. 당시 미 해군을 지휘하고 있었던 어네스트 J. 킹 제독은 이렇게 말했다.

"나는 가장 뛰어난 군대에 최상의 장비를 공급했다. 그리고 가장 현명한 사병을 그들에게 주었다. 그것이 내가 할 수 있는 모든 것이었다."

또한 "군함이 격침되었을 때 그것을 끌어올리는 것은 불가능하다. 일단 침몰하면 막을 수 없다. 그러므로 어제 일로 고민하기보다는 내일을 생각하는 것이 훨씬 보람있다. 지나간 일에 집착하면 건강까지 잃게 된다."

좋은 생각과 나쁜 생각에는 다음과 같은 차이가 있다.

☑ 좋은 생각은 원인과 결과를 다루며, 논리적이고 건설적인 계획과 일맥상통(一脈相通)한다. 반면, 나쁜 생각은 긴장과 신경쇠약을 초래할 뿐이다.

최근 나는 〈뉴욕 타임스〉의 발행인 아더 헤즈 슐즈바자와 회견을 가졌다. 그는 제2차 세계대전의 기운이 유럽을 덮었을 때 너무 놀란 나머지 앞날에 대한 불안감을 가졌고 그는 불면증에 걸렸다. 그는 밤중에 일어나 화구를 꺼내어 자기의 초상화를 그리려 했다. 그림을 그릴 줄 모르면서도 그 불안감을 물리치기 위해 붓을 든 것이다. 한참 후 그는 다음과 같은 찬송가 구절을 찾고 나서야 마음의 평화를 되찾았다.

끝없이 영묘한 빛이여······

가는 곳마다 감싸주심을 바라옵니다.

주여, 나의 약한 다리를 보살피시고

한 걸음 한 걸음 갈 길을 인도하옵소서.

그 무렵, 유럽에 파견된 한 청년 역시 그와 같은 교훈을 배우고 있었다. 그는 메릴랜드 주 볼티모어 출신의 뎃 벤자민으로 전쟁으로 인해 극도의 피로에 시달리고 있었다.

그는 그때의 정황을 다음과 같이 쓰고 있다.

"1945년 4월, 나는 극심한 오뇌 끝에 '경련성 횡단결장(經攣性 橫斷結腸)'이라 불리는 중병에 걸렸다. 만일 그 무렵 전쟁이 끝나지 않았더라면, 나는 아마 폐인이 되었을 것이다. 나는 지칠 대로 지쳐 있었다.

나는 보병 94사단 소속의 전상병(戰傷兵) 기록계의 하사관으로 나의 임무는 전사한 사람, 행방 불명된 사람, 병원에 후송된 사람들을 기록하는 일이었다. 또 적과 아군을 가릴 것 없이 서둘러 대충 매장된 시체를 파내는 일도 거들어야만 했다. 또한 전사자들의 유품을 모아 유가족에게 보냈다. 나는 유품들이 서로 뒤바뀌지 않도록 각별히 주의했다. 나는 나의 집으로 무사히 돌아가 아직 소식으로만 들은 생후 16개월 된 내 젖먹이를 안아볼 수 있을까 걱정했다. 그런 걱정 때문에 체중이 34파운드나 줄었고 반미치광이 상태가 되었다. 나는 두렵고 기진맥진해서 아이처럼 흐느껴 울었다. 마음이 약해져서 혼자 있기만 하면 눈물이 흘렀다. 그런데 그 불안감은 군 진료소에서 감쪽같이 사라졌다. 어느 군의관의 말이 일생을 바꿔 준 것이다. 그는 정중하게 나를 진찰한 후, 내 병이 정신적인 것이라고 단언했다. 그는 말했다.

"군 생활을 모래 시계라고 생각하게. 모래 시계의 맨 위에는 수없는 모래알들이 반짝이고 있고 그것은 느릿느릿, 그리고 일정하게 중앙에 있는 좁은 관을 통과한다네. 만일 한 알 이상을 억지로 통과시키려고 하면 시계는 고장나고 말지. 우리들은 이 모래 시계와 같은 운명일세. 아침에 생각할 때는 그날 해야 할 일이 산더미처럼 느껴지지. 그러나 그것을 한 번에 한 개씩 천천히 차례를 두고 해 나가지 않으면 마치 두 알 이상의 모래를 통과시킨 모래 시계처럼 우리들의 육체도 파괴되고 만다네."

나는 이후 줄곧 이 잊지 못할 말을 몸소 실천하고 있다. 한 번에 한 알의 모래…… 한 번에 한 가지의 일.

결국 나는 전쟁 중에 정신적·육체적으로 구원을 받았으며, 현재 인쇄 회사의 선전·광고 부장으로 있다. 그리고 일자리에서도 그 격언은 여전히 효력을 발휘한다. 이곳은 마치 전장(戰場)처럼 바쁘게 돌아간다. 재고의 부족, 신기술 도입, 거래처 명부 개정, 지점 개폐 등등.

그러나 나는 서두르지 않는다. 군의관이 말했던 '한 번에 한 알의 모래, 한 번에 한 가지의 일'을 잊을 수 없기 때문이다. 이것을 끊임없이 되풀이함으로써 나는 혼란에서 해방되었다."

현재, 병원 침대의 절반은 과거의 잔영과 불안한 미래에 짓눌려 신경 정신 장애를 앓고 있는 사람들이 차지하고 있다. 이들이 만일 그리스도의 '내일 일을 생각하며 괴로워하지 말라'는 말씀이나, 오슬러의 '오늘에 살라'고 한 말에 귀를 기울인다면 분명 행복하고 유익한 생활을 보낼 수 있을 것이다. 우리는 지금 두 가지, 즉 영원을 지속시켜 온 거대한 과거와 이미 작정된 때의 최후의 음절까지 꿰뚫고 나간 미래 사이에 위치하고 있다.

그러나 우리들은 이 양쪽 어디에도 살 수 없다. 불과 한 순간일지라도 그것은 불가능하다. 그렇게 하려 든다면 육체도 정신도 파괴되고 만다. 그러므로 우리는 지금 이 순간만으로 만족해야 한다.

로버트 루이스 스티븐슨은 이런 말을 했다.

☑ 아무리 무거운 짐이라도 밤까지는 운반할 수가 있다.
아무리 어려운 일이라도 하루 동안이면 할 수 있다.
누구든지 즐겁고 참을성 있게 생활할 수 있다,
해가 지기 전까지는. 그리고 이것이야말로 인생의 참뜻이다.

미시간 주의 쉐일드 부인은 자살 직전에 위의 사실을 깨달았다. 그녀는 이렇게 말했다.

"1937년 남편을 잃고 나는 절망 속에 빠졌습니다. 게다가 저는 무일푼이었어요. 결국 전에 근무하고 있던 회사에 부탁을 해 복직이 되었습니다. 각종 책을 지방 학교에 파는 일이었습니다. 2년 전에 남편이 병으로 눕게 되어 차를 팔았지만 그 뒤에 계약금만 마련해 중고차를 산 뒤 다시 책을 팔러 나갔습니다. 그렇게 돌아다니다 보면 조금이라도 마음 붙일 곳이 있을까 했더니 혼자서 차를 몰고 혼자서 식사를 한다는 것이 여간 고통스럽지 않았어요. 그 무렵 시골은 사정이 어려웠고 자동차 월부금을 갚는 것조차 버거웠습니다.

1938년 봄에는 미주리 주 바사일즈 근방에서 일하고 있었는데 학교 재정이 가난해 책을 사주지 않고 도로마저 험했습니다. 나는 고독과 실망 끝에 자살하기로 결심했습니다. 성공은 먼 얘기였고 삶의 목적도 없었습니다. 나는 매일 아침마다 인생에 맞딱뜨리는 것이 두려웠습니다. 자동차 월부금과 집세를 못 치르면 어쩌나, 밥값은 어찌 할까, 몸이 쇠약해져 진찰을 받고 싶은데 비용은 어떻게 마련할 것인가. 이것 저것 모든 게 걱정거리였습니다. 그러나 자살을 단행하지 못했던 것은 내 죽음을 슬퍼할 동생과 장례비용이 없다는 것 때문이었어요.

그러던 어느 날, 우연히 책 속의 한 구절로 말미암아 실의에서 빠져나왔고 살아 갈 용기를 얻게 되었습니다. 나는 언제까지나 그 문구에 감사드리고 있습니다. 그것은 현명한 인간에게는 하루하루가 새로운 생활이다라는 말이었습니다. 나는 이 구절을 언제나 볼 수 있도록 차의 창문에다 붙여 두었습니다. 하루하루를 살아간다는 것이 그렇게 어려운 일이 아니라는 것을 알게 되었습니다. 나는 지난 일을 잊고 내일 일을 걱정하지 않는 법을 배웠습니다. 매일 아침 나는 오늘도 새로운 인생이다라고 혼잣말을 했습니다.

지금 나는 고독과 궁핍한 생활에 대한 공포를 극복하는 데 성공했습니다. 지금 나는 행복하고 제법 성공한 셈입니다. 인생에 대해서도 정열과 애정을 느끼고 있으니까요. 그리고 앞으로의 생활이 어떻게 되든지 두 번 다시는 겁내지 않을 것입니다. 이제는 내일을 걱정할 필요도 없게 됐어요. 나는 한 번에 하루만 산다, 그리고 현명한 사람에게 하루하루는 새로운 인생이란 것을 알게 되었습니다."

행복하리로다, 홀로 있으면서도
오늘을 내것이라고 말할 사람이면,
마음 편히 그렇게 말할 사람은—
'내일은 최악의 것일지라도 오늘의 삶을 내가 누렸나니.'

이 시는 그리스도 탄생 30년 전, 로마의 시인 호라티우스가 쓴 것이다.

인간의 성질 가운데 가장 비극적인 것의 하나는 스스로의 생활에서 도피하고자 하는 마음이다. 지평선 저쪽의 장미꽃밭을 꿈꾸면서도 오늘 자기 집 창밖에 피어 있는 장미꽃은 거들떠보지 않는다.

그렇다면 왜 우리들은 이토록 현명하지 못할까, 왜 이처럼 비극적인 바보가 됐을까?

스티븐, 리코크는 그의 저서에서 다음과 같이 말했다.

"우리들의 인생은 실로 기묘하다. 어린아이들은 이담에 내가 크면이라고 말한다. 어느 정도 자란 소년은 어른이 되면이라고 말한다. 그리고 어른이 되면 이제 결혼만 하면이라고 말한다. 결혼했다고 해서 뭘 어떻게 하겠다는 것인가. 그리고 다음에는 은퇴하게 되면이라는 말을 꺼낸다. 그러다가 은퇴할 무렵이 되면 그는 지나간 자신의 모습을 되돌아본다. 차가운 바람이 그의 곁을 스쳐갈 것이다. 그 동안 자신의 현재를 잘 보지 않았다는 것을 느끼는 순간 모든 것이 보이지 않게 된다. 인생이란 그날 그때그때 이어 살아가는 것이다라고 뉘우칠 때는 이미 늦은 것이다."

데드로이트의 고(故) 에드워드 S. 에반스는 고민만 하다가 죽을 뻔했지만 인생이란 그날 그때를 이어 살아가는 것이다라고 깨닫고 구제되었다.

가난한 집에서 태어난 그는 신문 배달원에서 잡화상 점원이 되고 그 뒤 도서관 조수가 되어 일곱 명의 가족을 부양해야 했다. 월급은 턱없이 적었지만 그렇다고 그 일자리를 그만둘 수는 없었다.

8년 후, 그는 가까스로 독립할 기회를 얻었다. 55달러의 빚을 자본으로 연 수입 2만 2천 달러로 사업이 번창했는데 운 나쁘게도 그

때 불경기가 닥쳤다. 그는 친구를 위해 거액의 어음에 보증을 서 준 적이 있었는데 그만 그 친구가 파산하고 말았고 또한 그의 전 재산을 맡겨둔 은행이 도산했다. 그는 완전히 기진맥진한 채 말했다.

"잠도 안 오고 식욕도 떨어지더니 마침내 이상한 병에 걸렸다. 극도의 고민 때문이었다.

나는 어느 날, 거리에서 정신을 잃고 쓰러져 자리에 누웠다. 끓는 듯한 열과 심한 통증으로 견디기 어려웠다. 나는 날로 쇠약해져 갔다. 의사는 앞으로 2주일을 넘기기가 어렵다고 말했다. 나는 눈앞이 캄캄해진 상태로 유언장을 썼고, 병상에서 죽음을 기다릴 뿐이었다. 아무리 발버둥쳐도 소용없어 체념을 하고 마음을 진정시킨 후 나는 오랜만에 깊은 잠을 청했다. 지난 몇 주간 나는 하루 두 시간을 연달아 자본 적이 없는데, 이승의 괴로움이 끝나는 순간 갓난아이처럼 깊은 잠을 잘 수 있었다.

그렇게 잠을 자고 난 뒤 이상한 일이 일어났다. 어찌된 일인지 지독했던 피로감이 사라지기 시작했으며 식욕이 치솟으면서 체중도 늘어갔다. 2, 3주 뒤에는 지팡이를 짚고 걷게 되었고, 6주 후에는 일을 할 수 있게 되었다.

그 뒤 나는 1년에 2만 달러 가량 벌고 있으면서도 자진해서 주급 30달러짜리의 일을 맡았다. 자동차를 배에 실을 때 차바퀴 뒤에 놓는 받침대를 파는 일이었다. 나는 삶을 완전히 깨달았고 더 이상 고민할 필요가 없었다. 과거를 후회하지 않고, 앞날을 두려워하지도

않게 되었다. 나는 내 모든 시간·에너지·정열을 이 받침대 파는
일에 집중할 수가 있었다."

그때부터 에반스는 눈부시게 성장해 수 년 후에는 에반스 프로덕
트 컴퍼니의 사장이 되었다. 그의 회사 주식은 아직까지도 뉴욕 주
식 거래소에 상장되어 있고 그릴란드에는 그의 이름을 딴 비행장도
있다. 두말할 것도 없이 그의 성공은 그가 오늘에 산다는 것을 체득
한 것 때문이다.

프랑스의 철학자 몽테뉴도 착오를 범하기도 했다.

그는 '나의 생애는 무서운 불행으로 차 있는 것처럼 생각되었지
만, 그 대부분은 결코 일어나지 않았다'고 말했다. 우리들도 이처
럼 생각하기 쉽다.

단테도 다음과 같이 말했다.

☑ 오늘이라는 날은 두 번 다시 오지 않는다는
사실을 잊지 말라.

인생은 눈 깜짝할 사이에 지나가 버린다. 우리들은 매초 19마일
의 속도로 공간을 질주해 간다. 오늘은 우리에게 허락된 가장 귀중
한 소유물이다.

한 번은 로웰 토마스의 농장에서 주말을 보냈다. 그의 방송실 벽
사이에는 다음과 같은 시편 일 절이 걸려 있다.

오늘은 주께서 창조하신 것,

우리들은 즐거이 그 속에 살리라.

존 라스킨의 책상 위에는 '오늘'이란 단어를 새겨 놓은 한 개의 돌이 놓여 있었다.

나는 오슬러가 항상 책상 위에 놓아두었던 인도의 희곡 작가 카리다사의 시를 매일 아침 면도할 때마다 보는 거울에 붙여 두었다.

여명(黎明)에의 인사

이 날을 보라!

이날이야말로 생명, 생명의 생명이다.

오늘의 짧은 행로 안에

그날에 존재하는 진실과 현실들이 담겨 있나니

성장(成長)의 환희

행동의 영광

성공의 화려함,

어제는 꿈에 지나지 않고

내일 또한 환상에 지나지 않는다.

그러나 충실하게 지낸 오늘은 어제도 행복한 꿈이며,

내일은 희망에 찬 환상이라!

그대여, 이날을 잘 인식하라!

이것이야말로 여명에의 인사다.

여러분이 고민에 대해 알고 싶다면 다음 첫째 사항을 보라. 인생으로부터 고민을 몰아내고 싶으면, 오슬러 박사가 실행한 대로 행동해 보라.

☑ 과거와 미래를 닫아 버리고

오늘이라는 테두리 안에서 살라.

다음과 같은 질문을 자신에게 던져 보자.

☐ 장래를 걱정하거나 미래 저편의 마법의 장미원을 동경한 나머지 현실을 도피하려 하지는 않는가?

☐ 과거의 일을 후회하면서 현재를 괴롭게 살고 있지는 않은가?

☐ 매일 아침 일어났을 때 오늘을 체크하고 24시간을 최대한도로 활용하고자 하는 마음을 가지고 있는가?

☐ '오늘에 산다'는 말을 실행함으로써 보다 많은 보람을 느낄 수 있겠는가?

☐ 이것을 언제부터 시작할까? 내주? 내일? 오늘? 언제부터인가?

2

고민을 마술처럼 해결하는 방법

하 루라도 빨리 고민을 처리하고 싶다면 이 단원을 주의 깊게 읽어 보도록 하라.

공기 조절 장치를 창시한 기사(技師)로, 뉴욕 갈리아 코퍼레이션의 사장 윌즈 H. 칼리아의 예를 보자.

"버팔로의 주물(鑄物) 회사에 근무하고 있을 때, 구리스타르 시치의 판유리 공장에 가스 정화 장치를 하러 갔다. 이것은 가스에서 생기는 불순물을 제거하여 엔진에 고장이 나지 않도록 하기 위해서였다. 가스를 순화하는 방법은 아주 새로운 것으로 지금껏 단 한 번의 실험만 했을 뿐이었다. 따라서 곤란한 문제가 발생했다. 장치가 우리 생각만큼 움직여주지 않았던 것이다. 나는 머리를 한 대 얻어맞은 것처럼 난감해졌다. 오장 육부가 뒤틀리고 고민에 빠져서 잠을 이룰 수가 없었다. 그러나 곧이어 어물어물해봤자 아무 소용이 없음을 깨달았다. 그래서 실망하지 않고 문제를 처리하기로 했고 실행한 방법이 다행히 들어맞았다. 나는 그 뒤 30년 간 문제가 생길 때마다 꾸준히 이런 식의 방법을 쓰고 있다. 알고 보면 매우 간단한데, 다음과 같은 세 가지 단계로 성립된다.

첫째, 상황을 대담하고 솔직하게 분석해서 실패로 인한 최악의 경우를 예측해 보았다. 그러나 아무도 나를 가두거나 죽이려고 들지는 않을 것이다. 그것은 분명하다. 그러나 실직할지도 모른다. 고용주가 내가 손질한 기계를 뜯어 버리면 이제까지 지불한 2만 달러의 비용을 손해볼지도 모른다.

둘째, 만일의 경우 일어날지도 모르는 최악의 경우를 예측한 다음, 그것을 감수하기로 한다. 나는 자신을 타일렀다. '이 실패는 나의 이력서에 오점을 남기고 어쩌면 실직할지도 모른다. 그러나 실직하면 고용 조건은 지금보다 나쁠지 모르나, 새로운 일을 구하면 된다. 또 고용주 측은 가스의 불순물을 제거하는 새로운 방법을 실험하고 있는 중이니 2만 달러를 실험 비용이라고 생각하면 될 것이다.' 최악을 예측하고 그것을 감수하기로 결정하자 참으로 중대한 변화가 일어났다. 나는 한결 마음이 홀가분해졌고 간만에 평화로운 기분이 되었다.

셋째, 이미 정신적으로 받아들이고 있던 최악의 사태를 조금이라도 완화하기 위해, 조용히 나만의 시간에 정신을 집중시켰다. 그리고 당면하고 있는 2만 달러의 손실을 조금이라도 덜 수 있는 방법을 찾으려고 노력했다. 나는 여러 가지로 테스트를 해 본 끝에 5천 달러를 부속 장치 비용으로 쓰면 잘 될 것이라고 판단했다. 그래서 그것을 실행한 결과, 2만 달러를 손해 보기는커녕 1만 5천 달러를 벌게 되었다.

만일 내가 줄곧 고민만 했더라면 아마 지금처럼 되지는 않았을 것이다. 고민은 집중력을 훼방하기 때문이다. 무슨 일이든지 고민하고 있을 때 우리의 마음은 끊임없이 동요하며 결심을 잃고 만다. 그러나 우리가 최악의 경우에 직면해 그것을 정신적으로 받아들이면 모든 막연한 생각을 배제시키고 침착한 마음으로 그 문제에 정신을 집중시킬 수 있게 된다.

위의 이야기는 오래 전에 있었던 일이지만 내게 커다란 도움이 되었고, 아직까지도 나는 언제나 그것을 인용하고 있다. 그 결과 나는 모든 고민에서 해방되었다."

이 같은 칼리아의 마술적 공식은 귀중하고 실제적인 이론이다. 고민으로 인해 눈이 어두워지고, 더듬더듬 몸부림치고 있는 잿빛 구름 속에서 갑자기 떨어진 빛과 같기 때문이다. 응용 심리학의 아버지 윌리엄 제임스 교수가 아직도 살아서 이 공식을 들었다면 틀림없이 찬사를 보냈을 것이다.

그는 제자들에게 그것을 그대로 받아들이시오. 일단 발생한 일을 받아들인다는 것은, 모든 불행의 결과를 이겨내는 시작이오라고 말했다.

중국의 철학자 임어당(林語堂)도 유명한 저서인 〈생활의 발견〉에서 참된 마음의 평화는 최악의 사태를 감수하는 데서 얻을 수 있다. 이는 심리학적으로는 에너지의 해방을 뜻한다고 설명하고 있다.

확실히 심리학적으로 그것은 에너지의 새로운 해방을 뜻한다. 일단 최악을 받아들이면 그 이상의 사태는 일어나지 않는다고 보아야 한다. 다시 말해 어떠한 일도 그전보다는 잘 된다는 것이다. 칼리아도 최악에 직면한 후 아주 침착해져서 오랫동안 맛보지 못한 안도감을 만끽했다. 그 후부터는 제대로 생각할 수가 있게 되었다고 말하고 있다.

당연한 일이다. 더욱이 실로 많은 사람들이 노여움 속에서 자신의 문제를 확대해 왔다. 최악을 받아들이는 것을 거부하고 조금이라도 좋게 만들려는 노력을 거부했기 때문이다. 다시 말하면, 난파선(難破船)으로부터 벗어나려 하지 않았기 때문이다. 그들은 운명을 다시 일으켜 세우는 대신 '경험과의 치열한 경쟁'에 몰두한 나머지 우울증의 포로가 되어 버렸다.

이번에는 칼리아의 공식을 적용한 뉴욕 석유상의 실례를 들어 보자. 그는 나의 클래스에 있었던 사람이다.

그는 다음과 같이 말했다.

"나는 무서운 협박을 받고 있었다. 영화에나 있다고 생각했던 협박을 현실에서 당한 것이다. 사건의 경위는 이렇다. 내가 경영하는 석유 회사에는 많은 배달용 트럭과 운전사가 있었다. 당시 물가 관리국 조례(條例)는 워낙 험해서 거래처에 주는 배급량은 제한되고 있었다. 그런데 나도 모르게 일부 운전사가 거래처에 주는 배급량을 속여 거기서 남은 석유를 다른 곳에 팔고 있었다.

내가 이 부정 행위를 알게 된 것은, 어느 날 관계 당국의 감독관이라고 자처하는 자가 찾아와 적당히 묵인해 줄 테니 돈을 내놓으라고 할 때였다. 그는 운전사가 횡령한 증거 서류를 가지고 와 돈을 내지 않으면 지방 검사에게 고소하겠다고 협박했다. 막상 나는 아무런 잘못이 없었지만 법률상으로는 사용인의 행위에 대해서는 회사가 책임을 지는 것이 당연하며, 만일 사건이 표면화되어 신문에 실리거나 하면 신용은 곤두박질치고 파산지경에 이를 것이 뻔했다. 24년 전 선친이 창립한 자랑스러운 회사가 말이다.

나는 극도로 고민했고 스스로가 초라해짐을 느꼈다. 사흘 동안 식음을 전폐하고 잠도 이루지 못했고, 마치 미치광이 같았다. 그 사내에게 5천 달러를 줄까, 아니면 나 몰라라 하고 버티어 볼 것인가? 마치 악몽에 쫓기는 기분이었다.

그런데 어느 일요일 저녁, 우연히 카네기 씨의 클래스에서 배운 〈고민을 극복하는 법〉이라는 작은 책자가 눈에 띄었다. 그리고 칼리아의 최악에 직면하라는 이야기를 되새겼다. 나는 스스로에게 물었다. '만일 내가 돈을 내지 않아 협박자들이 지방 검사에게 고소를 한다면 최악의 경우 어떻게 될 것인가?' 하고. 대답은 금방 도출됐다. '회사가 파산된다. 그것이 최악이다. 형무소에 갈 리는 만무

하다. 업계에서 신용을 잃고 회사가 파산지경에 이르는 것뿐이다.'
그러자 다른 생각이 들기 시작했다. '회사가 파산할 경우에 이르
면, 다른 일자리를 찾는다. 석유에 대한 일이라면 자신있다. 취직을
부탁하면 흔쾌히 나를 써 줄 회사도 몇 군데 있을 것이다.'

나는 한결 마음이 가벼워졌다. 몇 날을 괴롭히던 안개가 걷히고
마음을 진정시킬 수 있었다. 또다시 놀란 것은 내가 앞일에 대해 생
각할 수 있게 되었다는 것이다.

그리고 해결법을 생각하는 동안에 아주 새로운 생각이 떠올랐다.
변호사를 찾아가 내가 모르는 해결법을 알고자 하는 생각이었다.
생각이 여기까지 미치지 못한 것은 이상한 일이었다. 실로 나는 아
무것도 아닌 일로 고민하고 있었던 것이다. '내일 아침 일찍 변호
사를 찾아가자' 라고 결심하고 침대에 누워서 잠을 청했다. 그 결과
나의 변호사는 검사를 만나 사실을 이야기하라고 했다. 나는 그것
을 실행했다. 나의 이야기를 듣고 난 검사는 이러한 공갈 사건은 오
래 전부터 속출하고 있었는데 감독관을 사칭한 그 사내가 현재 수
배중인 상습범이라고 말해 주었다. 나는 이 말을 듣고 깜짝 놀랐다.
그 상습범에게 5천 달러를 주어야 할지 어떨지 사흘 동안 줄곧 고
민하던 끝에 이런 말을 들었을 때, 정말 속이 후련했다.

이 경험은 나에게 커다란 교훈을 주었다. 그 이후로 나는 나를 괴
롭히는 문제가 일어나면, 언제나 '윌즈 H. 칼리아 공식' 을 적용하
기로 했다."

다음에는 메사추세츠 주 윈체스터 시의 알 P. 하네의 실화다. 이 이야기는 1948년 2월 17일 보스턴의 스타트라 호텔에서 직접 들은 이야기이다.

"나는 20대에 위궤양 증상이 있었다. 어느 날 저녁 피를 많이 토하고 시카고의 노스 웨스턴 대학 부속 병원에 입원했다. 체중이 175파운드에서 90파운드로 줄었다. 나는 손조차 들지 말라는 주의를 받았다. 세 사람의 의사가 불치병이라고 진단했다. 먹을 것이라곤 알칼리성 분말과 반 티스푼 정도의 우유와 크림뿐이었다. 간호사는 아침 저녁으로 위에 고무판을 꽂고 속의 것을 꺼내었다. 이러기를 몇 달 계속했다.

마침내 나는 이런 생각을 했다. '만일 네가 죽음밖에 기대할 것이 없다면 그 남겨진 시간을 최대한으로 이용하면 어떻겠는가? 너는 살아 생전에 세계 일주 여행을 한 번 하고 싶다고 원했으니, 지금이야말로 그것을 실행할 때다.'

곧이어 의사에게 세계 일주 여행을 떠나겠다고 말하자, 그는 깜짝 놀랐다. 그리고 하루에 두 번 위를 씻어내고 싶다고 말하자 어림도 없는 소리라고 말한 뒤 나를 미친 사람 취급했다. 여행을 하게 되면 분명 바다 속에 빠지는 게 십중팔구라는 것이었다. 그러나 나는 꺾이지 않았고 굳은 어조로 말했다. '나는 조상 대대로 묻혀 있는 네브라스카 주의 묘지에 묻히기로 했다. 그러니까 관을 지고서라도 그곳으로 떠나겠다.' 나는 관을 준비해 배에 싣고, 선박 회사에 내가 죽으면 시체를 냉장고에 보관해서 본국으로 가져다 달라고 부탁했다. 나는 마치 노시인(老詩人) 오말과 같은 심정으로 미국을 출발했다.

아아! 남겨진 시간을 마음껏 이용하라,
우리들이 죽어서 먼지로 변하기 전에.
먼지는 먼지대로, 또 먼지 밑에 쌓이겠지,
술이 없고 노래가 없고 시인이 없는, 그리고 종말도 없는…….

로스엔젤레스에서 프레지던트 아담즈 호를 타고 동양으로 향하자 기분이 좋아졌다. 이때부터 나는 알칼리성 분말을 먹고 위를 씻어내는 일을 그만두었다. 마침내 나는 몸에 해롭다는 여러 종류의 음식을 거리낌없이 잔뜩 먹었다. 몇 주일 뒤에는 독한 잎담배까지 피우고, 하이볼도 마시게 되었다. 참으로 오래간만에 즐거운 나날을 보냈다.

계절풍과 태풍을 만나 겁을 먹기도 했지만 죽기는커녕 상쾌한 흥분마저 느낄 정도였다. 나는 배 안에서 게임과 노래도 즐겼으며, 새로운 친구와 밤새워 놀기도 했다. 나는 부질없는 걱정을 잊었고 즐거웠다.

그 후 미국에 돌아왔을 때, 나의 체중은 90파운드나 늘었다. 위궤양을 언제 앓았는가 싶을 정도였고, 건강은 아주 좋았다. 나는 전처럼 일에 다시 전념할 수가 있었다. 그리고 그 후 한 번도 앓아 누워 본 적이 없다."

하네는 자신도 모르는 사이 칼리아의 공식을 실행했다고 나에게 말했다.

첫째, 일어날 수 있는 최악의 일이란 무엇일까 자문했다. 대답은 죽음이었다.

둘째, 죽음을 받아들일 수 있는 여유를 가졌다. 그 밖에는 별 도리가 없었기 때문이다. 의사는 나의 병을 불치병이라고 단언했다.

셋째, 남겨진 짧은 시간을 되도록 즐겁게 즐김으로써 사태를 보다 좋게 하려고 노력했다. 만일 배에 오른 뒤에도 계속 고심했더라면 틀림없이 관 안에 누워 귀국했을 것이다. 그러나 나는 초조해하지 않았고 모든 고민을 잊었다. 이 정신적인 안정이 나에게 새로운 힘을 주어 그것이 나의 목숨을 구한 것이다.

만일 여러분이 괴로움의 씨앗을 가졌다면, 다음에 소개한 세 가지의 일을 실행함으로써 칼리아의 마술적 공식을 적용해 보라.

☐ '일어날 수 있는 최악의 일이란 무엇인가?' 라고 자문한다.
☐ 그것이 불가피한 것이라면 받아들일 준비를 한다.
☐ 침착하게 최악의 사태를 헤쳐 나간다.

3

고민이 인간에게 어떤 영향을 미치는가

어느 날 저녁, 이웃 사람들이 우리 가족을 찾아와 종두(種痘)를 맞으라고 주의를 주었다. 실제로 뉴욕 시 곳곳에는 종두를 맞으려는 사람들의 행렬로 가득했다. 종두 접종은 병원뿐만 아니라 소방서 · 경찰서 · 공장 등지에서도 실시되었다. 2천 명 이상의 의사 · 간호사가 주야로 동원되었다. 이 무렵 뉴욕 시에서 여덟 명의 천연두 환자가 발생, 두 명이 사망했던 것이다. 결과적으로 약 8백만의 인구 가운데 겨우 두 사람의 희생자 때문에 이런 소동이 일어났다.

나는 40여 년간 뉴욕에서 살고 있지만 이제까지 단 한 사람도 고민이라는 정신적 질병을 40여 년간 천연두보다 수천, 수만 배나 되는 손해를 끼치고 있는 것에 대해 경고해 주지 않았다.

미국에 살고 있는 사람의 약 10퍼센트가 고민이나 감정적 갈등으로 신경 쇠약에 걸려 있지만 누구도 이것에 신경 쓰지 않는다. 따라서 나는 여러분에게 이것에 대해 경고 하고자 한다.

노벨 의학상 수상자인 알렉시스 카렐 박사는 고민과 싸우는 방법을 모르는 사업가는 단명(短命)한다고 말했다. 이 말은 주부, 의사, 노동자들 모두에게도 해당되는 말이다.

수년 전, 산더 페 철도 회사에 근무하는 O.F. 고바 박사와 함께 텍사스에서 뉴멕시코까지 여행을 할 기회가 있었다. 그때 우리들은 '고민이 미치는 영향'에 대해서 이야기했다.

그의 말은 이러했다.

"병원에 찾아오는 환자의 70퍼센트는 고민과 공포감에서 벗어날 수만 있다면 완쾌될 수 있는 사람들이다. 그들의 병이 단순한 기분 탓이라고 말하는 것은 아니다. 심한 치통이라든지 무서운 증세 따위는 결코 마음만으로 이겨낼 수는 없다. 신경성 소화 불량, 위궤양, 심장병, 불면증, 두통, 그리고 몸의 마비 따위도 분명히 상상만은 아니다. 이들의 병은 현실적으로 고통을 가져온다. 나 역시 13년 동안 위궤양으로 고생했었다. 그러나 공포는 고민의 원인이 된다. 고민은 인간을 긴장시키고 혼동을 가져오며 위 신경을 자극해 위액의 분비를 증가시키고 때로는 위궤양으로 악화시킨다."

이에 대해 죠셉 F. 몬다규 박사도 같은 말을 하고 있다.

☑ 위궤양의 원인은 음식물이 아니라 인간의 마음이다.

또 W.C. 알바레스 박사는 "위궤양은 가끔 감정의 변화에 따라 일어나거나 가라앉기도 한다"고 했다.

이것은 마요 진료소에서 위 진찰을 받은 1천5백 명의 환자를 연구한 결과다. 실제로 다섯 명 가운데 네 명에게서는 아무런 육체적인 원인을 발견할 수가 없었다. 심리적인 공포, 불안, 증오, 극단적인 이기주의, 현실 사회에 적응할 수 없는 무능력, 그것이 그들의 위장병의 원인이었다.

미국 산업계에 관계하는 의사 연합회에서 마요 진료소의 헤럴드 C. 헤버인 박사는 다음과 같이 보고했다. 평균 연령 44.3세인 중역층 176명을 진찰한 결과, 3분의 1 이상이 고도의 긴장 생활에서 오는 심장병, 위궤양, 고혈압에 시달리고 있다는 것이다. 실업계 중역의 3분의 1이 채 45세가 되기 전에 심장병, 위궤양, 고혈압으로 육체를 소모하고 있다니, 성공이라는 것은 얼마나 값비싼 대가를 치르는 것인가? 더욱이 그들은 그 성공을 자랑조차 하지 않았다.

건강을 해치면서 전 세계를 내 것으로 만든다 한들 무슨 소용이 있을 것인가? 전 세계를 손아귀에 넣어도 침대는 하나면 충분하고 식사는 하루 세 끼가 전부다. 막일을 하는 인부들도 중역들보다 행복한 생활을 누릴 수 있다. 건강이 없다면 무슨 소용인가. 나라면 큰 회사를 경영해서 45세에 건강을 망치느니 평범한 신분으로 건강하게 사는 게 더 낫다고 생각한다.

마침 담배 때문에 생각난 얘기인데, 최근 세계에서 가장 유명한 권련초(卷煉草) 제조업자가 캐나다의 산속에서 산책 도중에 별안간 심장 마비로 죽은 일이 있었다. 그는 거액의 돈을 가졌으면서도 61세로 급사하고 말았다. 어찌 보면 자기의 수명을 '사업상의 성공'과 맞바꾼 셈이다. 내가 보기에 이 백만장자의 성공은, 무일푼으로 81세에 죽은 미주리 주의 농부였던 나의 아버지의 성공에 비하면 훨씬 보람 없고 헛된 것이다.

칼 메닝거 박사는 병원 입원실의 과반수가 신경성 환자들로 가득 찼다고 발표했다. 그러나 이 사람들의 신경을 시체 해부 때에 정밀하게 조사해 보면, 대부분의 경우 자크 뎀프시의 신경만큼이나 건강했었다. 그들의 '신경의 고장'은 물리적 퇴화에 의한 것이 아니고, 무익·실패·오뇌·공포·패배·절망 따위에서 오는 감정변화에 의해 일어난 것이었다.

프라토의 말 중에 의사가 범하는 최대의 과오는 우선 마음을 치료하지 않고 육체를 치료하려는 데 있다. 사람의 마음과 육체는 하나로서 따로따로 취급할 성질의 것은 아니다라고 했다.

어쨌든, 의학이 이 위대한 진리를 인식하는 데 2천3백 년이나 걸렸다. 최근에 와서 정신 신체의학이라고 불리는 새로운 의학이 발달하게 되었다. 이것은 정신과 육체를 한덩어리로 다루는 의학이다. 종래의 의학은 물질적 병균에 의한 질병·천연두·콜레라 황열병과 수많은 사람들을 불행한 죽음으로 내몬 질병을 없앴지만·오뇌·공포·증오·절망 따위의 감정에 따라 일어나는 정신·육체적

폐인을 구제할 수는 없었다. 특히 감정적 질환에 의한 사망률은 놀 랄 만한 속도로 증가하고 있다.

의사들은 현재 미국인 20명 가운데 한 사람은 정신 병원에서 치 료를 받아야 한다고 말하고 있다. 또한 2차 대전에 소집된 청년 중 여섯 명에 한 명은 정신병이나 정신 박약 판명을 받았다고도 한다.

그럼 정신 이상의 원인은 무엇일까? 뚜렷한 대답은 아무도 할 수 없지만 대부분의 경우 공포나 오뇌가 그 요소인 듯하다. 차가운 현 실 세계와의 싸움에서 패배한 사람들은 주위의 환경과 인연을 끊고 스스로 쌓아 올린 꿈의 세계로 도피한다. 그렇게 고민이 해결되었 다고 자처하는 것이다.

나의 책상 위에는 에드워드 포도르스키 박사의 〈고민하지 말고 개선하라〉는 책이 놓여 있다. 이 속에는 다음과 같은 제목이 있다.

고민이 심장에 미치는 영향

류머티스는 고민으로부터 생겨날 수 있다

위장을 위해서라도 고민을 적게 하라

어떻게 고민이 감기의 원인이 되는가

고민과 갑상선(甲狀腺)

고민하고 있는 당뇨병 환자

〈마요의 형제〉로 유명한 칼 메닝거 박사는 저서 〈자신을 배반하는 인간〉에서 고민에서 벗어나는 방법을 제시하고 있지는 않지만, 불안 · 실의 · 증오 · 원한 · 반항 · 공포가 어떻게 인간의 육체를 파괴시키는지를 잘 기술하고 있다. 나는 이 책을 여러분에게 권하고 싶다.

오뇌는 가장 튼튼한 인간마저도 병으로 이끈다. 그랜드 장군은 남북전쟁이 끝나갈 무렵에 그 사실을 알았다.

그랜드는 9개월에 걸쳐 리치먼드를 공격했다. 리 장군의 군대는 굶주림과 피로로 인해 패배하고, 전군은 달아나기 시작했다. 잔류 병사들은 텐트 속에서 기도회를 열고, 외치거나 울면서 광란 상태에 빠졌다. 최후가 눈앞에 다가온 것이다. 리의 부하는 리치먼드의 면화 창고와 담배 창고에 불을 지른 뒤, 병기고를 마저 태우고는 밤하늘에 치솟는 불길을 뒤로 하고 도망쳤다.

그랜드의 병사들은 사방에서 남군을 계속 추격했다. 한편, 시에린단이 이끄는 기병대는 적의 퇴로를 끊어 철도를 파괴하고 군수 물자를 실은 열차를 포획했다.

그랜드는 심한 두통으로 하는 수 없이 부대로부터 벗어나 어느 농가에서 휴식을 취하고 있었다. 그의 〈회상록〉에 의하면, 나는 밤이 새도록 겨자를 탄 물에다 두 발을 담그고 손목과 목덜미에 겨자 고약을 바른 후 아침까지 나으리라 마음속으로 은근히 빌고 있었다는 구절이 나온다.

이튿날 아침 그의 두통은 완전히 사라졌다. 두통을 사라지게 한 것은 겨자 고약의 효험 때문이 아니었다. 군사가 리 장군의 항복문서를 들고 달려왔기 때문이다.

그란드는 이렇게 회상했다.

"군사가 도착했을 때, 나는 여전히 심한 두통에 시달리고 있었다. 그러나 그 문서의 내용을 본 순간 두통은 씻은 듯이 사라졌다."

고민과 긴장의 감정이 그란드 장군에게 병을 가져다 주었고 그의 감정이 승리에의 기쁨으로 바뀌자 갑자기 완쾌된 것이다.

이로부터 70년 후, 프랭클린 루즈벨트 내각의 재무장관 헨리 모겐소는 고민은 사람의 감정을 교란시키고 현기증의 원인이 된다는 것을 깨달았다.

그는 자신의 일기에 대통령이 밀 가격을 올리기 위해 하루에 4백 4십만 부셀의 밀을 사들였을 때 몹시 당황했다고 써 놓았다.

"그 사실을 알게 되었을 때 머리가 아찔했다. 그래서 집에 돌아와서 점심을 먹은 후 두 시간 가량 자리에 누워 있었다."

고민이 육체에 미치는 영향을 알고 싶다고 해서 도서관이나 병원에 갈 필요는 없다. 지금 이 책을 쓰고 있는 우리 집 창 너머로도 얼마든지 그런 사람들을 볼 수 있기 때문이다. 내가 살고 있는 이 거리에는 고민 때문에 심한 신경 쇠약증 환자가 있는 집은 물론 고민 때문에 당뇨병에 걸린 환자가 있는 집도 있다. 후자는 주식이 폭락하여 혈액과 오줌 속의 당분이 상승했기 때문이다.

프랑스의 위대한 철학자 몽테뉴는 그의 고향 볼트에서 시장으로 뽑혔을 때 시민들에게 이렇게 말했다.

"나는 여러분의 어려운 문제에 기꺼이 손을 내밀겠지만, 이 문제를 내 간장이나 폐장까지 끌어들일 생각은 없다."

때때로 고민 때문에 죽기도 하며, 어떤 때는 관절염이나 중풍에 걸려 반신불수 생활을 하게 되는 수도 있다. 중풍의 권위자인 코넬 의과대학의 러셀 L. 세실 박사는 중풍의 커다란 원인 네 가지를 다음과 같이 제시하고 있다.

첫째, 결혼의 실패

둘째, 경제적 재난과 비탄(悲嘆)

셋째, 고립과 오뇌

넷째, 오랜 동안 쌓인 원한

물론, 이 네 가지가 절대적인 원인이라고는 할 수 없다. 여러 가지 원인들이 함께 존재한다. 그러나 세실 박사가 꼽는 네 가지 원인은 가장 보편적인 원인이다.

친구 중 하나가 불경기 때문에 큰 타격을 입었다. 가스 회사는 가스를 끊어 버리고, 은행은 집을 차압했다. 그러자 그의 아내는 갑자기 심한 중풍에 걸리게 되었고, 치료를 했으나 좀처럼 효과가 없었다. 그녀의 병은 남편의 경제 상태가 회복될 때까지 계속되었다.

고민은 또 충치의 원인이 되기도 한다.

윌리엄 메코니클 박사가 미국 치과학회에서 보고한 바에 의하면, 고민·공포·소음으로부터 오는 불쾌한 감정은 인간의 칼슘의 밸런스를 잃게 하여 충치의 원인이 된다고 한다. 메코니클 박사를 찾아온 한 환자는, 아내가 튼튼한 이를 가지고 있었음에도 한 달간 입원하고 있는 사이 무려 아홉 개의 충치가 생겼다고 했다. 확실히 고민이 원인이었다.

여러분도 가끔 갑상선에 이상 징후를 가진 환자를 본 일이 있을 것이다. 그들은 떨고 있으며, 당장에 죽을 듯한 표정을 짓고 있을 것이다. 신체를 조정하는 갑상선이 순조롭게 활동을 하지 못해 숨이 가쁘고 전신이 마치 통풍 조절 장치를 활짝 열어 놓은 화로와 같이 훨훨 타고 있기 때문이다. 수술이나 다른 방법으로 치료되지 않는 한 까맣게 타버리고 말 것이다.

나는 이 병에 걸린 친구와 함께 필라델피아에 갔었다. 그리고 이 방면에서 이름이 알려진 이스라엘 브람 박사의 진찰을 받았다. 대기실의 큼직한 액자에는 다음과 같은 문구가 들어 있었다.

휴양과 오락

사람을 가장 부드럽게 해서 뛰어난 기상을 갖게 하는 힘은,
건전한 종교와 수면과 음악 그리고 웃음이다.
하나님께 믿음을 바쳐라. 깊은 잠을 자라.

좋은 음악을 들어라. 인생의 익살스런 면에도 눈을 돌려라.

그렇게 하면 건강과 행복을 얻을 수 있을 것이다.

박사는 내 친구에게 '어떤 감정적인 고민이 이 같은 증상을 일으켰는가' 묻고 난 뒤 이렇게 경고했다. "만일 고민을 계속 한다면 심장병·위궤양·당뇨병이 생길지 모른다. 이런 병들은 서로가 친척이며 가까운 일가다."

마알 오베론은 내게 다음과 같이 이야기했다.

"나는 결코 우물쭈물하지 않기로 했습니다. 우물쭈물하면 스크린 위에서 하는 연기도 망치게 되고 아름다운 얼굴도 손상될 테니까요. 처음으로 영화계에 입문할 때 나는 걱정으로 온몸이 떨렸습니다. 나는 인도에서 온 풋내기였고 런던에는 누구 하나 아는 사람도 없었습니다. 나는 보름 동안을 크래커와 물만 먹고 지냈습니다. 그러자니 마음은 물론 몸도 성치 않았습니다. 나는 자신에게 말했습니다.

'너는 바보일지도 모른다. 영화계에 들어갈 수 있을까. 경험도 없고 연기를 해 본 일도 없지 않은가. 다만 얼굴이 조금 예쁠 뿐이잖은가?'

나는 거울 앞으로 갔습니다. 그리고 얼굴이 수심으로 온통 뒤덮여 있다는 사실을 알았습니다. 지금까지 탱탱했던 얼굴에 주름살이며 또 안절부절 못하는 표정이라니! 나는 자신을 타일렀습니다.

'언제나 고민만 해서는 안 되겠다. 유일한 밑천인 얼굴이 형편없게 되지 않았는가!'"

고민만큼 여자를 빨리 늙게 만드는 것은 없다. 고민은 표정과 턱 선을 딱딱하게 만들며 주름살을 늘게 한다. 찌푸리는 인상은 물론 흰머리까지 늘어 탈모증의 원인이 되기도 한다. 얼굴의 윤기를 사라지게 하고 온갖 종류의 종기나 여드름의 원인이 되기도 한다.

오늘날 심장병은 사망의 큰 원인이 되고 있다. 제2차 대전 중에 전사한 미국 사람은 약 30만 명인데 같은 시기 심장병으로 죽은 사람이 200만이 훨씬 넘었다. 그 가운데 100만 명은 고민과 고도의 긴장된 생활이 원인이었다. 카렐 박사가 고민과 싸우는 방법을 모르는 사업가는 단명한다고 말한 것도 이 심장병을 염두에 둔 것이었다.

남부의 흑인이나 중국 사람은 무슨 일이든 당황하지 않기 때문에 심장병에는 거의 걸리지 않는다고 한다. 또한 심장병으로 죽은 의사의 수효는 공장 노동자의 20배에 달하고 있다. 다시 말해, 의사는 정신적으로 항상 긴장된 생활을 하고 있기 때문에 단명할 수밖에 없는 것이다.

하나님은 우리들의 죄를 용서해 주시지만 우리의 신경 계통은 그렇지 않다라고 헨리 제임스는 말하고 있다.

또 믿어지지 않는 놀라운 사실이 하나 있다. 해마다 미국에서 전염병으로 죽는 사람보다도 자살하는 사람의 수가 많다는 것이다.

대개의 경우 '고민' 때문이다.

잔인한 중국의 고문법을 보자. 먼저 포로의 손과 발을 묶고 밤낮을 가리지 않고 물이 똑똑 떨어지는 물주머니 아래에 앉힌다. 똑, 똑, 똑…… 머리 위에 쉴새없이 떨어지는 물방울은 드디어 망치를 내리치는 소리처럼 들리게 되고 포로의 정신은 혼미해진다. 이 같은 고문법은 스페인의 종교 재판, 히틀러 치하의 독일 강제 수용소에서도 행해졌다.

고민은 끊임없이 떨어지는 물방울과 같은 것이다. 쉴새없이 떨어지는 똑, 똑, 똑 소리는 사람을 자살 같은 극단적인 상황으로 몰아넣기도 한다.

미주리의 시골에서 살던 어린 시절, 나는 빌리의 지옥 불〔火〕 이야기를 듣고 몸서리쳤다. 그러나 그는 이 세상에서 고민 때문에 많은 사람들이 치르는 고통의 업보에 대해서는 한 마디도 언급하지 않았다. 예를 들어 당신이 만성 노고성(慢性勞苦性)이었다면 협심증이란 고통에 사로잡힐지도 모를 일이다. 그렇게 되면, 고통으로 신음할 것이며 당신의 울부짖음에 비하면 단테의 〈지옥편〉 가운데 아비규환도 어린아이의 장난 같은 울음 소리 정도로 여겨질 것이다. 그리고 틀림없이 당신은 '오오, 하나님, 만일 이 병만 낫게 되면 어떠한 일에도 결코 고민하지 않겠습니다' 라고 기도할 것이다(내 말이 과장이라고 여긴다면 당신의 가족이나 의사한테 물어 보아도 좋다).

당신은 진실로 인생을 사랑하고 오래 살면서 건강을 누리기를 바라는가?

그렇다면 또 다시 카렐 박사의 말을 인용해 보기로 한다.

☑ 현대 도시의 혼란 속에서도 평온한 정신 생활을 유지할 수 있다면, 신경적 질환에 걸리는 일은 없을 것이다.

당신은 과연 어떠한가. 당신이 정상인이라면 대답은 '예'일 것이다. 아니 단연 '예'일 것이다. 우리들은 자신이 생각하는 것보다는 강한 존재다. 우리들은 지금까지 한 번도 사용한 적이 없는 정신적 자원을 지니고 있는 것이다.

도로우의 불멸의 명저 〈월덴〉에 이런 구절이 있다.

"생활을 향상시키려고 의식적으로 노력하는 능력만큼 믿음직한 것은 없다. …… 만일 인간이 자기의 뜻하는 바를 확신하며 밀고 나아가 그가 바라던 인생을 보내도록 노력한다면 기대 이상의 성공에 이르게 될 것이다."

나는 이 책의 독자 대부분이 올가 자아비에 뒤지지 않은 의지력과 정신적 자원을 가지고 있다고 믿는다. 그녀는 아이다 호의 컬 다덴에 살고 있는데, 가장 비극적인 환경에서도 고민을 극복할 수 있다는 사실을 깨달았다. 내가 재차 설명하고 있는 진리를 적용한다면 누구라도 할 수 있는 일이다.

올가가 들려준 이야기는 이러했다.

"약 8년 전, 나는 암으로 사형선고를 받았습니다. 유명한 의사의 진단이었으므로 더 이상 기대조차 갖지 못했어요. 앞길은 막히고 죽음이 입을 벌리고 나를 기다리고 있었습니다.

그러나 나는 젊었고 죽고 싶지 않았습니다. 나는 주치의에게 전화를 걸어 마음속의 절망감을 호소했습니다. 그러자 그는 약간 냉정하게 나를 타일렀습니다. '이봐요, 올가. 당신은 그만한 참을성도 없습니까? 울고만 있어선 안 됩니다, 지금 당신의 병세는 최악으로 악화되었소, 마음을 굳게 먹고 현실과 대결하시오, 괴로워하지 말고요! 그리고 최선을 다해야 합니다.'

그때 나는 두 주먹을 움켜쥐고 다짐을 했습니다. '이제 더 이상 고민하지 않겠다. 울지도 않겠다. 만일 물질보다 뛰어난 정신력이라는 것이 있다면 나는 반드시 이겨 보이겠다. 나는 결코 죽지는 않는다!'

라듐조차 사용할 수 없을 만큼 병세가 악화되면서 하루에 보통 10분씩 30일간을 쬐어야 하는 렌트겐선을 49일 동안 하루에 무려 14분 30초를 쬐었습니다. 나의 위는 만신창이가 되어 말라붙은 뱃가죽 위로 솟아 나왔고, 발은 납덩이처럼 무거워졌습니다. 그러나 나는 결코 실망하거나 울지 않았습니다. 오히려 싱글벙글하고 있었습니다. 오히려 무리하게 미소를 짓고 있었던 것입니다. 그러나 아무리 명랑해진다 해서 암이 나을 것이라고 믿지는 않았어요. 하지만 명랑한 정신적 태도야말로 병과 싸우는 데 많은 보탬이 되었습니다. 어쨌든 나는 기적적으로 암을 이겨낸 것입니다. 요즘 여러 해 동안 나는 그 전보다도 더 건강합니다만 이것도 모두 현실과 대결하는 의지에서 나온 것입니다. 고민을 걷어치우고 어쨌든 노력해 보라는 격려의 덕택입니다.'"

나는 카렐 박사가 말한 고민과 싸우는 방법을 모르는 사업가는 단명한다라는 말을 되풀이하는 것으로 이 장을 끝맺고자 한다.

예언자 마호메트의 광적인 신자들은 가끔 그들의 가슴에 코란 속의 성구(聖句)를 문신(文身)하고 있다. 나는 이 책의 모든 독자들의 가슴에 이 장의 타이틀을 새겨주고 싶은 것이다.

☑ 고민과 싸우는 방법을 모르는 사업가는 단명한다.

고민에 대한 기본적인 사실

1. 만일 고민을 피하고 싶다면 서어 윌리엄 오슬러의 방법대로 실행하라. '오늘에 살라' 는 것이다. 미래에 대해 마음을 두지 않을 것. 잠잘 때까지 오직 그날의 생활만을 누릴 것.

2. 고민에 사로잡히거든 윌즈 칼리아의 마술적 공식대로 하라.
① 만일 문제를 해결 못할 경우 일어날 수 있는 최악의 사태가 무엇인지를 자문한다.
② 불가피할 때에는 최악에 부닥칠 결심을 할 것.
③ 그 다음, 이미 마음속에 받아들이고 있는 최악을 조금이라도 개선하도록 노력한다.

3. 고민에 대해 치르고 있는 대가를 생각하라
고민과 싸우는 방법을 모르는 사업가는 단명한다.

4

고민을 분석하고 그 해결책을 찾는 방법

2 장에서 말한 윌즈 H. 칼리아의 마술적 공식이 고민의 모든 문제를 해결해 주리라 믿어서는 안 된다. 일단 여러 가지 종류의 고민을 처리하기 위해서 먼저 문제를 분석하기 위한 세 가지의 기본적 단계를 알아두어야 한다.

첫째, 사실을 파악하라.

둘째, 사실을 분석하라.

셋째, 결단하라, 그리고 그것을 실행하라.

모두가 알고 있는 것이다. 아리스토텔레스도 이것을 가르쳤고 또한 실천했다. 따라서 우리도 우리를 괴롭히고 우리를 지옥으로 몰아넣는 문제를 해결하고 싶다면 이것을 실천해야 한다.

우선 첫째 단계 '사실을 파악하라'를 보자.

사실을 파악한다는 것이 왜 중요한가. 그렇지 않으면 지적인 문제를 해결하기조차 불가능해지기 때문이다. 다시 말해 사실적이 아니고서는 혼란 속에서 방황할 뿐이다. 이것은 내 개인의 의견이 아니라 콜롬비아 대학 학장인 고(故) 허버트 E. 허크스의 의견이다. 그는 20만 명이나 되는 학생들의 고민 거리를 해결했던 사람이다. 그는 혼란은 고민이 주된 원인이다라고 이야기했다.

그에 따르면 "결단의 근거를 충분히 갖추지 않고 결단을 서두르는 것이 고민의 절반 이상의 원인이다. 예를 들어 다음 주 화요일 세 시에 닥쳐올 문제가 있다고 하자. 그렇다면 화요일이 오기까지는 그 문제에 대해 결단을 내리려고 생각하지 않는다. 그동안 이 문제에 관한 모든 사실을 파악하는 일에 전념할 뿐이지 결코 우물쭈물하지 않는다. 그렇게 되면 두통을 앓거나 불면증에 걸리지도 않는다. 오직 사실을 파악하는 일에 전념할 뿐이다. 그리고 그때까지 사실을 파악해 두면 문제는 자연히 해결되게 마련이다."

나는 이어 허크스 학장에게 그렇게 하면 고민에서 완전히 해방되느냐고 질문했다. 그러자 그는 '그렇다'고 대답했다.

"나는 고민에서 완전히 해방되었다고 단언할 수 있다. 누구라도 공평하고 객관적인 입장에서 사실을 파악한다면 모든 고민은 지식의 빛을 받아 증발하고 만다."

그렇다면 우리들이 사실에 관심을 모은 경우는 얼마나 되는가?

인간은 사고의 노력을 회피하려고 모든 수단에 의지한다라는 토머스 에디슨의 말이 있듯 우리들은 이미 생각하고 있는 일만을 추구하며 다른 것들은 무시한다. 우리들은 스스로의 행동을 합리화하는 사실, 희망적인 생각과 합치하는 사실만을 추구하며 미리 생각하고 있는 편견을 합리화해 버린다.

앙드레 모루아는 이렇게 말하고 있다.

☑️ 개인적 욕망과 일치되는 것은 모두 진실처럼 여겨지지만 그렇지 않은 것은 우리를 노하게 한다.

이처럼 문제의 해결을 구하는 일은 매우 어려운 것이다. 둘 더하기 둘(2+2)이 다섯이 된다는 가정 하에 나아간다면, 이 같은 단순한 계산 문제도 아주 까다로운 일이 될 것이다. 그런데 이 세상에는 둘 더하기 둘은 다섯이라는 오류를 범하지 않으려면 일단 생각과 감정을 뒤섞지 말아야 한다(때로는 5백이라고 우기는 바람에 자타의 생활을 지옥으로 이끄는 사람이 더 많이 있다). 허크스 학장의 말대로 공평하고 객관적인 방법으로 사실을 파악하라는 것이다. 그러나 막상 고민에 빠지면 이것은 쉬운 일이 아니다. 고민하고 있을 때는 감정이 날카로워지기 때문이다.

그렇다면 사실을 객관적으로 관찰하는 데 도움이 되는 두 가지의 아이디어를 보자.

첫째, 사실을 파악하려고 할 때 그 행동이 자기만을 위한 것이 아닌 누군가 다른 사람을 위한 것이기도 하다는 사실을 생각하라. 그렇게 되면 현실을 냉정히 파악할 수 있고, 감정을 억누를 수 있다.

둘째, 자기를 괴롭히고 있는 어떤 문제에 관한 사실을 수집하고 있을 때 반대측에 서서 변론을 준비하는 변호사의 입장이 되어 보라. 결국 나에게 불리한 사실, 직면하고 싶지 않은 사실이 뚜렷이 드러날 것이다. 그런 후 자기 측의 사실과 상대방의 사실을 비교해 본다. 대부분의 경우 진실은 이들 양극단 사이에 있다.

요점은, 나도 당신도 아인슈타인도 미 합중국의 최고 재판소일지라도 우선 사실을 파악하지 않고서는 어떠한 문제에도 현명한 판단을 내릴 수 없다는 것이다. 토마스 에디슨은 그것을 알고 있었다. 그가 죽었을 때 그가 남긴 2천5백 권의 노트에는 그가 직면했던 문제에 관한 사실들이 가득 적혀 있었다.

그러므로 문제를 해결하기 위해 제일 먼저 할 일은 사실을 파악하라는 것이다.

허크스 학장처럼 먼저 엄정한 태도로 사실을 모아 문제 해결에 착수한다. 그러나 사실을 모으는 것만으로는 아무런 소용이 없다. 나는 일단 그것들을 기록하고 난 뒤 분석하는 편이 훨씬 용이하다는 것을 알았다. 실제로 문제를 종이 위에 적어 보는 것은 일을 현명하게 결정하는 데 토대가 된다. 찰스 케터링은 정확하게 문제를 기술

하는 것은 반쯤 문제를 해결한 거나 마찬가지라고 말하고 있다.

여기에 동양에서 가장 성공한 미국인 가덴 리치필드의 예를 들어 보겠다. 그가 1943년에 중국에 있었을 때 일본군이 상해에 침공해 왔다. 다음은 그가 우리 집을 방문했을 때 들려준 이야기이다.

"일본군은 진주만을 공격한 지 얼마 안 되어 상해로 물밀듯 쳐들어왔다. 나는 그 무렵 상해 아시아 생명 보험 회사의 지배인으로 있었다. 일본인은 사람을 파견하여 나로 하여금 협력해서 회사의 자산을 청산하라고 명령했다. 어쩔 수가 없었다. 협조 아니면 죽음을 택해야 했다.

나는 그들의 명령에 복종할 수밖에 다른 방법이 없었기 때문이다. 그러나 75만 달러에 달하는 일부 증권을 자산표에서 빼 두었다. 그 증권들은 홍콩 지점에 속한 것으로 본사 자산의 일부가 아니라고 판단했기 때문이다. 그러면서도 나는 발각될 것을 두려워했는데, 결국 일본군에게 들키고 말았다. 그 일이 발각되었을 때 나는 부재중이었고 사무실에는 경리 과장이 있었다. 그에 의하면 일본군의 청산인은 장성급이었고 너무 화가 난 나머지 발을 구르며 호통을 쳤다고 한다. 그리고 '도둑놈! 반역자! 일본군을 모독하다니!' 하면서 욕지거리를 퍼붓더라고 했다.

나는 브리지 하우스 행을 면할 수 없게 되었다. 브리지 하우스는 일본의 게슈타포 고문실이다. 내 친구 한 사람은 그곳으로 연행되기 직전 자살을 택했다. 거기서 열흘 간 죽을 고비를 겪고 난 후 목숨을 잃은 친구도 적지 않았다. 그런데 지금 내가 그곳에 끌려가게 된 것이다.

내가 사건의 내막을 들은 것은 일요일 오후였다. 만일 이때 내가 문제 해결을 위한 정확한 기법을 몰랐다면 아마도 공포로 인해 크게 당황했을 것이다. 그런데 나는 오래 전부터 고민이 생기면 타이프라이터 앞에 앉아서 다음과 같은 두 가지의 질문을 던지고 그 대답을 기록해 왔다.

첫째, 무엇을 고민하고 있는가?

둘째, 어떻게 해결하면 좋을 것인가?

물음과 대답을 같이 적는 편이 생각을 명확하게 하는 데 도움이 된다고 생각한 나는 일요일 오후 급히 기독교 청년회 안에 있는 내 방에 가서 타이프라이터를 꺼냈다.

나는 무엇 때문에 고민하고 있는가?(내일 아침 브리지 하우스에 갇히게 되지 않을까 하고 두려워하고 있다.)

그러면 앞으로 어떻게 하면 좋을까?(나는 몇 시간을 두고 생각한 끝에, 실행할 수 있는 다음 네 가지를 적어 보았다.)

첫째, 일본군 장교에게 자초지종을 설명할 수가 있다. 그러나 그는 영어를 하지 못한다. 만일 통역을 시켜 설명한다면 또 다시 그를 화나게 할 염려가 있다. 그것은 죽음을 뜻한다. 그는 잔인한 사람이고 구차스러운 변명 따위를 듣기보다는 나를 브리지 하우스에 집어 넣을는지도 모른다.

둘째, 도망치는 것은 불가능하다. 그들은 언제나 내 행동을 쉴새 없이 감시하고 있고 만일 도망치다 잡히면 총살될 것이다.

셋째, 이 방에 틀어박혀 사무실로 가지 않고 지낼 수도 있다. 그러나 만일 그렇게 되면 장교에게 의심 받을 것이다. 변명할 기회도 주지 않고 부하들로 하여금 나를 틀림없이 브리지 하우스에다 처넣어버릴 것이다.

넷째, 월요일에 태연하게 사무실에 출근할 수도 있다. 장교는 바쁜 일이 많아 내가 하는 일을 눈치채지 못할지도 모른다. 눈치챈다 하더라도 그땐 냉정을 되찾아 나를 내버려 둘지도 모른다. 그렇게 되면 다행이지만 만일 나를 괴롭힌다 하더라도 그때는 자초지종을 변명할 찬스가 있다. 그러므로 월요일 아침, 평소처럼 사무실에 나가서 아무 일도 없었던 것처럼 행동한다. 이렇게 생각을 굳히자 마음이 홀가분해졌다.

다음날 아침 사무실에 가자 일본군 장교는 담배를 입에 물고 의자에 걸터앉아 있었다. 그는 여느 때처럼 나를 노려보았지만 아무 말도 하지 않았다. 6주 후, 그는 동경으로 돌아갔고 나의 고민은 여기서 끝났다.

일요일 오후에 책상 앞에 앉아서 내가 할 수 있는 방법과 그 결과를 기록함으로써 냉정하게 결단했기 때문에 나는 죽음에서 구제 받은 것이다. 만일 그렇게 하지 않았더라면 나는 허둥지둥 경거망동해서 실수를 저질렀을지도 모른다. 심사숙고해서 결단하지 않았더라면 일요일 오후를 고민 속에서 보냈을 것이다. 그리고 월요일 아침에는 초조한 얼굴로 사무실에 갔을지도 모른다. 그랬더라면 일본군 장교는 내게 의혹을 품고 조처를 취했을지 모른다.

이 경험을 통해 나는 결단을 내리는 일이 얼마나 소중한가를 깨달았다. 일정한 목적에 도달하지 못하고 언제까지나 어쩔 줄 모르다가 지쳐 버린다는 것은 인간을 신경 쇠약증으로 몰고 가며 생지옥으로 처넣어 버린다. 고민의 50퍼센트는 일단 명확한 판단에 도달함과 동시에 사라져 버리고 나머지는 그 판단을 실행에 옮기면서 사라져 버린다는 것을 알았다.

그러므로 나는 다음의 네 단계를 취함으로써 고민의 90퍼센트를 추방할 수 있었다.

첫째, 무엇에 대해 고민하는가를 자세히 적는다.
둘째, 내가 취할 수 있는 방법을 결정한다.
셋째, 무엇을 할 것인가를 결정한다.
넷째, 판단한 바를 곧 실행에 옮긴다.

가덴 리치필드는 현재 스타 파크 프리먼 회사(뉴욕에서 보험업과 투자업계 굴지의 회사)의 동양 지사 담당이다. 그는 내게 자신의 성공은 앞에 말한 고민의 분석법 및 실행의 덕분이라고 고백하고 있다.

그의 방법은 구체적으로 문제의 핵심을 꿰뚫었다. 더욱이 없어서는 안 될 제3의 법칙, 곧 그것에 대해서 최선을 다한다는 점에 중점을 두었기 때문에 그 가치가 더더욱 높다.

만일 우리들이 아무런 행동도 취하지 않았더라면 모든 사실 발견과 분석도 공염불일 것이고 정력의 낭비에 불과하다.

윌리엄 제임스는 이렇게 말한다.

☑ 일단 결정을 내리고 실행만 남아 있다면, 그 결과에 대한 책임과 걱정을 완전히 버려라.

나는 일찍이 오클라호마에서 가장 뛰어난 대 석유업자 웨이트 필립스에게 어떻게 결단을 실행에 옮기느냐고 물은 적이 있다. 그는 다음과 같은 대답을 했다.

☑ 문제를 일정한 한도 이상으로 생각하는 일은 혼란과 고민을 낳는다. 정도 이상으로 연구하거나 생각하는 것이 때로는 오히려 해로울 수 있다. 또한 결단하고, 행동하고, 뒤를 돌아보아서는 안 될 경우도 있는 것이다.

5

사업상의 고민 절반을 없애는 방법

만일 당신이 사업가라면, 당신은 틀림없이 이런 말을 중얼거릴 것이다

"너무 어처구니없다. 나는 이십 년 동안이나 사업을 계속해 왔다. 다른 사람이 해결할 수 있는 일이라면 나도 할 수 있다. 사업상의 고민 절반을 없앨 방법이 있다니? 너무 무책임한 발언이 아닌가!"

나도 몇 년 전에는 터무니없는 말이라고 생각했을 것이다.

정직히 말해 이 책을 통해 당신의 사업상 고민의 절반을 제거할 수 없을지도 모른다. 결국 나는 아무것도 해줄 수 없다. 그것을 할 수 있는 사람은 오직 당신 자신뿐이다. 다만, 나는 내가 지금까지 어떻게 해왔는가를 전할 뿐이다.

일단 알렉시드 카렐 박사의 고민과 싸우는 방법을 모르는 사업가는 단명한다는 말을 상기시켜 보라. 만일 이 장이 고민의 1퍼센트

라도 경감할 수 있도록 도와 준다면 당신은 어느 정도 만족하지 않
겠는가.

그렇다면 지금부터 어느 중역이 영업상의 문제 해결을 위해 고민
의 절반을 배제하고, 회의로 낭비했을 시간의 65퍼센트를 절약했
던 사례를 들려 주겠다.

그는 레온 쉬킨으로 오랫동안 시몬 슈스타 인쇄 회사의 중역을
지냈고 현재 뉴욕의 포켓북 발행 회사의 사장이다.

"15년 동안, 나는 반나절을 회의나 토론으로 보냈다. 이것을 할
까, 저것을 할까, 다 그만둘까? 우리는 의자 위에서 몸을 비틀고 사
무실을 서성거렸지만 시간이 흘러도 결말이 나지 않았다. 밤이 되
면 지쳐 버렸다. 죽을 때까지 이래야 하나 끔찍한 생각도 들었다.

15년 동안을 이렇게 해오면서도 달리 좋은 방법이 있을 것이라는
점을 미처 깨닫지 못했다. 만일 누군가가 나에게 내가 쓸데없이 회
의에 허비하고 있는 시간의 4분의 3과 지금 내가 느끼는 긴장의 4
분의 3을 제거하는 방법이 달리 있을 것이라고 말해 주었다면 나는
그 사람을 사리에 어둡고 주제넘게 아는 체하는 망둥이라고 욕했을
것이다.

그러면서도 나는 그것을 실행하는 계획을 생각해냈고 벌써 8년
동안을 실시하고 있다. 그것은 능률, 건강, 행복 등 모든 면에서 놀
라운 성공을 거두고 있다. 어찌 보면 마술처럼 들리겠지만(모든 마
술과 같이 밑천을 드러내면 지극히 단순한 것이다), 그 비결은 이렇다.

첫째, 15년 동안 행해 왔던 회의 시작 절차를 모두 없앤다. 동료 임원의 실패 사항을 소상하게 보고 받고 '그러면 어떻게 하자는 말인가?' 라는 말로 끝나는 절차이다.

둘째, 새로운 규칙을 만들었다. 즉, 문제를 제출하고 싶은 사람은 미리 다음 네 개 항목에 걸친 물음에 대답할 수 있는 각서를 만들어 제출하라는 것이다.

첫 번째 질문 | 무엇이 문제인가?

그간 우리는 문제의 본질조차 구체적으로 모른 채 한두 시간 동안 무모한 토론을 계속했다. 우리는 문제의 핵심을 뚜렷이 적었어야 했건만 그렇게 하지 않고 문제에 대해 갑론을박하며 흥분했었다.

두 번째 질문 | 문제의 원인은 무엇일까?

돌이켜 보면 문제의 근본에 가로놓인 조건을 확실히 파악하려 하지 않고 그릇된 회의로 시간을 낭비했다.

세 번째 질문 | 가능한 해결법은 무엇인가?

종전에는 누군가가 하나의 해결책을 제안하면 누군가가 반대 주장을 하고 그러다 보면 모두 열을 올리게 되어 주제에서 빗나가 버리는 일도 있다. 회의가 끝나고 보면 문제 해결에 필요한 사항을 하나도 기록할 수 없는 상태였다.

네 번째 질문 | 당신이 제안하는 해결법은 무엇인가?

이제까지 어떤 문제에 대해서 공연히 고민만 해왔을 뿐 그에 대한 아무런 생각도 하지 않았다. '내가 제안하는 해결법은 이것이다' 라고 제출한 적이 없는 사람들과 동석했던 것이다.

그러나 동료들은 오랫동안 나를 찾지 않았다. 이 네 가지 항목의 질문에 대답하기 위해서는 모든 사실을 파악하고 충분히 검토하지 않으면 안 되었기 때문이다. 그리고 그렇게 검토한 뒤에는 대개의 경우 나와 의논할 필요가 없어졌다. 왜냐하면 적당한 해결법이 마치 토스터에서 빵이 튀어나오듯 마련되었기 때문이었다. 어쩌다 상담을 해도 종래의 3분의 1 정도의 시간이면 마무리되었다. 질서 있게 논리적인 방법을 거쳐 타당한 결론에 도달하기 때문이다.

이제 나와 내 동료들은 무엇인가 잘못되지 않았나 하는 것 때문에 머리를 쓰거나 의논만 하는 일에 오랜 시간을 허비하지 않는다. 일을 제대로 하기 위해서는 의논보다는 실행에 중점을 두어야 함을 알기 때문이다."

미국 보험계의 거물인 내 친구 프랭크 베커도 같은 방법으로 사업상의 고민을 해소하고 수입을 두 배로 늘렸다.

"오래 전 처음으로 보험 증서를 팔기 시작했을 때 나는 이 사업에 무한한 열정과 애착을 갖고 있었다. 그런데 생각지도 않았던 일이 일어났다. 나는 실의에 빠진 채 이 일을 그만둘까 생각했다. 어느 일요일 아침 고민의 근원을 파악하려는 생각이 가슴에 떠오르지 않았더라면 나는 아마도 틀림없이 이 일을 그만두었을 것이다.

1. 나는 스스로에게 물었다. '도대체 무엇이 문제란 말인가?'

그것은 내가 발이 닳도록 걸어다니는데도 불구하고 그만큼 수입이 따르지 않는다는 사실이다. 예약 때는 잘 됐는데 막상 거래를 하게 되면 '글쎄요, 한 번 더 생각해 봅시다. 다시 한 번 와 보십시오'라고 한다. 이렇게 해서 몇 차례고 헛걸음하게 되는 것이 갈수록 싫어졌다.

2. 나는 스스로에게 물었다. '해결 방법은 없는 것인가?'

대답을 알기 위해서는 먼저 사실을 잘 연구하지 않으면 안 되었다. 나는 최근 1년 동안의 장부를 꺼내어서 연구해 보았다. 그리고 놀랄 만한 사실을 발견했는데, 그것은 내 거래의 70퍼센트는 단 한 번의 면담으로 이루어졌다는 사실이었다! 그리고 나머지 23퍼센트의 거래는 두 번째로 찾아갔을 때 성립됐다. 세 번, 네 번 또는 다섯 번 면담을 함으로써 시간을 허비한 후 간신히 성사된 거래는 겨우 7퍼센트에 지나지 않았다. 다시 말해 하루의 반 이상을 매상고의 7퍼센트 때문에 낭비한 것이다.

3. 대답은 무엇인가?

그것은 명백했다. 나는 한 곳에 두 차례 이상은 방문하지 않기로 하고 그 시간을 새로운 거래선을 찾는 데 돌리기로 했다. 결과는 실로 놀라웠다. 마침내 나는 한 번 방문하는 것의 금전적 가치를 2달러 80센트에서 4달러 27센트로 증가시킬 수 있었다."

이처럼 프랭크 베커는 미국 보험업계에서 가장 유명한 세일즈맨으로 1년에 수백만 불의 보험 계약을 성립시키고 있지만 이처럼 그도 한 번쯤은 보험업계에서 손을 떼려고 했던 일이 있었다는 것이다. 그러나 그는 실패를 인정하고 문제를 분석함으로써 성공의 길로 들어섰다.

☐ 문제는 무엇인가?
☐ 원인은 무엇인가?
☐ 가능한 해결법은 무엇인가?
☐ 당신은 어떤 해결법을 제시할 것인가?

고민을 분석하는 기본 기법

---

1. 사실을 파악하고 허크스 학장의 말을 기억하라.

결단의 근거를 충분히 갖추지 않고 결단을 서두르는 것이 고민의 절반의 원인이다.

2. 모든 사실을 용의주도하게 고찰하고 나서 결단하라.

3. 결단을 내렸다면 곧 행동으로 옮겨라.

그 결과에 대해서 불안하지 마라.

4. 어떠한 문제를 고민할 경우, 다음 물음에 대한 대답을 기록해 보라.

a. 무엇이 문제인가?

b. 원인은 무엇인가?

c. 가능한 해결법은 무엇인가?

d. 당신은 어떤 해결법을 제시할 것인가?

이 책에서 최대한의 것을 얻기 위한 아홉가지 제안

1. 고민을 극복하는 원칙을 배우겠다는 강력한 욕구를 배양(培養)하라.

2. 다음 장을 읽기 전에 각 장을 두 번씩 읽어라.

3. 때때로 읽는 것을 멈추고, 어떻게 하면 여기서 제시한 것을 적용할 수 있는가를 생각해 보라.

4. 귀중한 아이디어에는 줄을 그어 놓는다.

5. 한 달에 한 번 다시 읽는다.

6. 모든 기회에 이 원칙을 적용한다. 그날의 문제를 해결하기 위해 좌우명을 담은 핸드북으로 사용한다.

7. 당신이 이들 원칙 중 한 가지를 범한 것을 발견한 사람에게는 그에 대한 벌금을 치르게 함으로써 공부하는 데 흥미를 붙인다.

8. 매주 경과를 검토해 본다. 어떤 과오를 범했는가, 얼마만큼 진보했는가, 장래에 대한 어떤 교훈을 얻었는가 등등.

9. 이 원칙들을 어떻게, 어떤 방법으로, 언제 적용했는가를 매일 적어 둔다.

마음속에서 고민을 몰아내기

나는 몇 년 전 어느 날 밤의 일을 결코 잊을 수가 없다. 내 클래스에는 마리온 J. 더글러스라는 사나이가 있었다(개인적 사정으로 부득이 가명으로 함).

다음의 이야기는 그가 나의 클래스에 있을 때 들려준 실화다. 그의 가정은 무려 두 차례나 커다란 불행을 겪었다. 맨 처음 그는 다섯 살난 딸을 잃었다. 그들 부부에게 견디기 어려운 상처였다. 10개월 후에 또 딸아이가 태어났지만 이 아이도 닷새만에 죽고 말았다.

이 두 가지 불행은 도저히 견딜 수 없을 정도로 비통했다. 그는 이렇게 말하고 있다.

"일이 손에 잡히지 않았다. 잘 수도, 먹을 수도, 침착해질 수도 없었다. 나는 의기소침해서 자신을 잃고 말았다."

그는 의사를 찾아갔다. 어떤 의사는 수면제를 주었고 또 어떤 의

사는 여행을 권했다. 그는 방법을 다 해 보았지만 효과가 없었다.

"내 몸은 만력(萬力)에 잔뜩 붙잡히듯 목이 차차 조여드는 것처럼 느껴졌다."

비탄으로 긴장과 슬픔에 사로잡힌 적이 있는 사람은 이 기분을 잘 알 수 있을 것이다.

"그러나 감사하게도 나에게는 네 살난 사내아이가 남아 있었다. 이 아이가 나의 문제를 해결해 준 것이다.

어느 날 오후, 내가 넋을 잃고 앉아 있자 아들은 나에게 '아빠 보트를 만들어 주세요' 라고 졸라댔다. 나는 보트를 만들 경황이 아니었다. 세상 만사가 다 귀찮았다. 그러나 아들의 고집불통에 결국은 내가 지고 말았다. 그 장난감 보트를 만드는 데 세 시간이나 걸렸다. 그런데 이것을 만들면서 머릿속에 다음과 같은 생각이 떠올랐다. 이 보트를 만드는 데 걸린 세 시간이 요즘 수개월 중 내가 맛본 최초의 정신적 휴식이며 평화였다는 것을.

나는 이 발견으로 의해 그때까지의 방심 상태에서 빠져 나와 사고력을 회복할 수가 있었다. 그리고 기획이나 사고를 필요로 하는 어떤 일에 집념하는 동안은 고민을 할 수 없다는 사실을 깨달았다.

나의 경우, 보트를 만드는 일이 고민을 몰아내 주었다. 그러므로 나는 언제나 바빠야 한다고 결심했다. 저녁마다 온 집안을 돌면서 해야 할 일의 목록을 만들었다. 책장, 계단, 덧문, 손잡이, 자물쇠, 구멍난 홈통 등 수선이 필요한 물건이 얼마든지 있었다. 손대야 할 일들이 2주 동안 200여 건이나 발견됐다. 나는 최근 2년 동안 이 같은 일들을 거의 해치웠다. 더욱이 매일 분주한 생활을 보냈다. 일주일에 두 번씩 뉴욕의 성인 클래스에 출석했고 마을의 시민 활동에 참석하고 그 밖의 공공 사업을 위한 모금도 돕고 있다. 나는 너무 바빠서 더 이상 고민할 여유가 없게 되었다."

고민할 겨를이 없다! 이야말로 윈스턴 처칠이 대전(大戰)이 절정에 이르렀을 때 하루에 18시간 일하며 한 말이다. 처칠은 책임이 너무 무거워 머리가 아프지 않느냐는 질문에 이렇게 대답했다.

"나는 너무나 바쁘다. 나에게는 고민할 시간이 없다."

찰스 케터링 역시 자동차용 자동 스타트 모터 발명에 착수했을 때 같은 처지였다. 그는 최근 은퇴할 무렵까지 제너럴 모터스의 부사장으로서 제너럴 모터스 리서치 코퍼레이션을 주재해 온 인물이다.

그러나 한때는 몹시 가난해서 창고 일부를 실험실로 쓰고 식료품을 사기 위해 그의 부인이 피아노를 가르쳐 모은 1천5백 달러를 쓰지 않으면 안 될 정도였다. 그 뒤에도 생명 보험의 불입금에서 5백 달러를 빌려 쓴 일이 있다.

나는 그의 부인에게 이럴 때 고민하지 않았느냐고 물어 보았다. 부인은 이렇게 대답했다.

"네, 걱정이 되어서 밤에 잠도 제대로 잘 수가 없었습니다. 하지만 바깥양반은 그렇지 않았습니다. 그이는 일에 열중한 나머지 고민할 여지가 없었습니다."

대 과학자 파스퇴르는 '도서관과 실험실에서 찾을 수 있는 평화'
의 즐거움을 설명하고 있다. 그는 왜 거기에서 평화를 찾을 수 있었
을까? 그것은 도서관이나 실험실에 있는 사람들은 연구에 몰두하
고 있기 때문에 고민할 여지가 없기 때문이다. 연구에 전념하는 사
람은 거의 신경 쇠약에 걸리지 않는다. 그런 사치스러운 시간이 없
는 것이다.

이처럼 인간의 마음은 한 번에 한 가지 이상의 일을 생각하기가
불가능하다. 믿기지 않는다면 한 번 실험해 보기로 하자.

지금 당장 의자에 깊이 앉아 눈을 감은 후 자유의 여신상과 내일
아침 당신이 하려는 일을 동시에 생각해 보라.

번갈아 생각하는 것은 가능하지만 동시에는 불가능하다는 것을
알게 될 것이다. 이것은 감정적인 문제에서도 마찬가지다. 기분이
내키는 일에 종사하면서 고민에 휘감긴다는 것은 있을 수 없는 일
이다. 하나의 감정은 다른 감정을 몰아낸다.

그리고 이 단순한 발견으로 대전 중 정신과 군의관들은 기적을
성취했다. 전장에서의 공포에 지쳐 돌아온 장병들은 대체로 '정신
신경증'으로 진단되었다. 그리고 군의관들은 '그들을 분주하게 만
드는 것'이 무엇보다도 좋은 치료법이라고 말했다.

정신에 변화의 조짐이 보이기 시작하는 사람들은 수면 시간 외에
줄곧 움직였다. 낚시질, 사냥, 야구, 골프, 사진, 조원(造園), 댄스
등 주로 옥외(屋外) 활동이다. 그들에게는 그 무서운 경험을 떠올

리고 고민할 겨를이 주어지지 않았다.

'직업에 의한 치료법', 이것은 직업이 어떤 약제처럼 처방되는 정신병리학 용어이다. 이것은 그다지 새로운 것은 아니며 옛날 희랍 의사가 그리스도 탄생 5백 년 전에 이미 이것을 주장했던 것이다.

퀘이커 교도(敎徒)는 벤 플랭크린의 시대에 필라델피아에서 이 요법을 사용했었다. 1774년 퀘이커 교도의 요양소를 방문한 어떤 사람은 정신병 환자들이 부지런히 삼을 벗기는 것을 보고 놀랐다. 그는 그들이 착취당하고 있다고 생각했다. 그런데 일에 열중하는 것 자체가 신경을 가라앉히는 일이라는 것을 알게 되었다. 이에 대해 정신병 전문의는 일을 분주하게 하는 것이 신경병의 가장 좋은 대증요법이라고 설명해 줄 게 틀림없다.

헨리 W. 롱펠로우도 젊은 아내를 잃었을 때 이 사실을 깨달았다. 그의 아내는 어느 날 양초로 봉랍을 녹이다가 그만 실수로 옷에 불이 붙고 말았다. 롱펠로우가 그녀의 비명을 듣고 달려갔지만 때는 이미 늦었고 그녀는 목숨을 잃고 말았다.

그후 얼마 동안 롱펠로우는 그때의 무서운 경험 때문에 괴로워하며 거의 실신할 지경이었다. 그러나 다행히도 그에게는 그의 보호를 필요로 하는 세 명의 어린 아이들이 있었다. 그는 슬픔을 초월해 아이들의 아버지와 어머니 노릇을 해야 했다. 그는 아이들을 데리고 거닐면서 이야기를 해 주었고 함께 놀아 주었다. 그들 부자의 사랑은 그의 시 '아이들의 시간'과 함께 영원히 남을 것이다. 그는 또

아이들을 위해 단테를 번역하기도 했다.

이와 같이 그는 여러 가지 일로 분주했기 때문에 자신의 슬픔을 잊어 버리고 마음의 평화를 되찾았던 것이다.

테니슨이 친구들을 잃었을 때 이렇게 말했다.

☑ 나는 일에 몰두하지 않으면 안 된다. 그렇지 않으면 절망 속에 빠지고 말 것이다.

대부분의 사람들은 매일 쉴새없이 일하고 있기 때문에 일에 몰두하는 데는 어렵지 않으나 일하고 난 다음의 시간이 위험하다. 자유롭게 자기 시간을 즐기고 행복해야만 할 때에 '고민'이라는 짓궂은 마귀가 우리들을 공격해 오는 것이다. 우리들의 생활이 조금씩 향상하고 있는 것일까, 궤도에 오르고 있는 것일까, 부장님이 묘한 말을 했는데 그것은 어떤 의미였을까, 머리가 차차 벗어지고 있다 등등.

원래 사람들의 마음은 한가로운 때 진공 상태에 빠지기 쉬운 법이다. 물리를 배운 사람이라면 자연은 진공 상태를 싫어한다는 것을 알고 있을 것이다. 우리들의 눈에 잘 볼 수 있는, 진공에 가장 가까운 것은 백열 전구의 내부이다. 전구를 깨트려 보라. 자연은 그 진공의 공간에 공기를 채울 것이다.

자연은 또 공허한 마음까지도 채우려고 하는데 보통은 감정으로 채우려고 든다. 고민, 공포, 증오, 질투, 선망 등의 감정이 원시림 시대의 역동적인 에너지에 의해 추진되고 있기 때문이다. 이러한 감정은 지극히 맹렬하게 우리들의 마음에서 모든 평화로운 감정을 몰아내려 든다.

콜롬비아 대학의 교육학 교수 제임슨 L. 머셜은 이것을 교묘하게 설파하고 있다.

"고민은 인간이 행동하고 있을 때 자취를 감추고 있다가 하루의 일이 끝났을 때에 안으로 몰려 들어온다. 이때 상상력은 분방해지고 모든 종류의 그릇된 가능성이 고개를 든다. 그리고 아무것도 아닌 실책이 확대되고 그때의 마음은 짐을 싣지 않고서 달리는 모터로 돌변한다. 그것은 질주해서 지레받침대를 태우거나 부수고 만다. 그러므로 고민을 치료할 수 있는 방법은 건설적인 일에 몰두하는 것이다."

전쟁 중 나는 시카고에서 온 어느 주부를 만났다.

그녀는 고민에 대한 치료법은 무엇이든 건설적인 일에 몰두하는 것이다라는 사실을 깨달았던 일의 전말을 말해 주었다. 나는 뉴욕에서 미주리의 농장에 가는 도중 식당차에서 이 부인과 그녀의 남편을 만났다(유감스럽게도 이 부부의 이름을 알아두지 못했다).

그 부부의 아들은 진주만 공격이 있던 바로 다음날에 입대했다. 부인은 외아들에 대한 걱정으로 반 병자가 되었다고 한다. 그런데 어떻게 해서 고민을 극복했느냐고 질문하자 그녀는 '몸을 가만히 쉬게 하지 않았다'고 대답했다. 그녀는 먼저 식모를 내보내고 집안 일을 몸소 돌봤다. 그러나 그것은 별 도움이 되지 않았다.

"그도 그럴 것이 집안 일은 기계로 하기 때문에 머리를 쓸 필요가 없었거든요. 그러므로 침대를 만들거나 접시를 씻는 동안에도 걱정으로 가득 찼고 하루 종일, 정신적으로나 육체적으로 바빠질 수 있는 무엇인가 새로운 일이 필요하다는 생각이 들었습니다.

그래서 어느 큰 백화점의 점원으로 취직을 하였습니다. 내가 생각했던 대로 그날부터 분주한 나날이 계속되었습니다. 나는 분주하게 움직이고 있는 나 자신을 발견했습니다. 값이나 치수, 빛깔을 질문하는 많은 손님에게 둘러싸이고 만 것입니다. 내 눈앞의 일 이외의 다른 일을 생각할 겨를은 1초도 없었습니다. 그리고 밤이 되면 피곤한 몸을 빨리 편하게 해야겠다는 생각만 들었습니다. 그리고 저녁 식사가 끝나면 바로 침대 속에 들어가서 푹 자곤 했습니다. 나는 고민할 겨를이 없었던 것입니다."

그녀는 존 쿠퍼 포이즈가 '불안을 망각하는 기술'에서 했던 설명을 체득했던 것이다.

☑ 어떤 기분 좋은 행복감이나 어떤 깊은 내면적인 평화,
행복한 마비상태 등은 일정한 일에 몰두하는 인간의
신경을 진정시킨다.

이것은 인간에게 실로 다행한 일이다.

한 번은 세계에서 가장 유명한 여성 탐험가 오사 존슨으로부터 고민과 슬픔으로부터 해방된 실화를 직접 들은 일이 있었다.

〈나는 모험과 결혼했다〉라는 그녀의 저서처럼 정말로 그녀는 모험과 결혼한 여인이었다. 그녀는 열여섯 살 때 마틴 존슨과 결혼했다. 그리고 비행기로 보르네오의 밀림에 착륙했다.

그로부터 약 25년 동안, 이 부부는 온 세계를 답파했다. 그리고 아시아나 아프리카에서 사라져 가는 야생 동물의 생활을 영화로 찍었고 이들은 9년 전에 미국에 돌아와 자신들의 영화를 상영하고 강연회를 가졌다.

그런데 덴버에서 태평양 연안으로 향하는 도중 비행기 사고로 마틴 존슨은 사망했다. 의사는 오사도 재기 불능이라고 진단했으나 그것은 그들이 오사 존슨을 잘 모르고 내린 결론이었다.

3개월 후, 그녀는 바퀴 달린 의자에 앉아 많은 청중 앞에서 강연했다. 이 무렵에 그녀는 이미 백 회 이상을 강연한 뒤였고 어떻게 그럴 생각을 했냐는 질문에 그녀는 이렇게 대답했다.

"슬퍼하거나 고민할 시간을 갖지 않기 위해서였습니다."

오사 존슨은 100년 전, 테니슨이 말했던 나는 활동하는 데 정신을 몰두하지 않으면 안 된다. 그렇지 않으면 나는 위축되고 말았을 것이다라는 진리를 깨달았던 것이다.

바드 제독 또한 5개월 동안 남극 대빙하기의 만년설에 묻힌 움막에서 고독한 생활을 할 때 이 진리를 깨달았다.

그는 5개월 동안 홀로 있었다. 100마일 이내에는 생물이라고는 존재하지 않았고 혹한이 얼마나 심했던지 바람이 불면 입김이 얼어붙는 소리가 들렸다. 그는 자신의 저서 〈혼자서〉에서 사람을 어지럽히고 정신을 약하게 만드는 암흑에 대해 기록하고 있다. 낮은 밤과 같이 어두웠다. 그는 정신을 잃지 않기 위해 언제나 바빠야만 했다.

그는 "밤에 불을 끄기 전에 다음날 아침에 할 일을 계획하는 습관을 들였다. 예를 들어 퇴피용(退避用) 터널을 만드는 데 한 시간, 눈을 헤치는 데 30분, 연료 드럼을 정비하는 데 한 시간, 벽에 책장을 만드는 데 한 시간, 썰매의 다리를 끼우는 데 두 시간 등등이었다. 그리고 이것은 실로 훌륭한 방법이었다.

이로서 나는 자제심을 유지할 수가 있었던 것이며 만일 이렇게 하지 않았더라면 살아야 할 목적이 없어졌을 것이다. 그리고 목적 없는 생활이 계속된다면 반드시 내 생활은 무너지고 말았을 것이다."

여기서 목적이 없는 생활이 계속되는 한이라는 구절을 기억하고 우리들의 마음에 고민이 생겼을 때 약처럼 쓰자.

전 하버드 대학 임상 의학 교수 리차드 캐봇 박사는 〈인간은 무엇으로서 살 것인가〉라는 저서에서 이렇게 풀이하고 있다.

"의사로서 나는 의혹, 주저, 동요, 공포에서 생기는 영혼의 마비 상태에 고민하는 다수의 사람들이 일을 함으로써 호전되었던 실례를 목격한 것을 다행으로 여기고 있다. 일을 함으로써 생긴 용기는 에머슨이 영구히 빛나는 것으로 간직했던 자신과 매우 흡사하다."

만일 우리들이 몸을 움직이지 않고 멍하니 앉아 생각에만 잠긴다면 찰스 다윈이 '웝버 기버스'라 불렀던 악마를 마음속에 부화시키게 될 것이다. '웝버 기버스'라는 것은 요컨대 구식인 작은 악마로서 이것에 한 번 붙들리면 행동력과 의지력을 잃고 만다.

나는 뉴욕의 어떤 실업가가 분주해짐으로써 이 '웝버 기버스'를 물리칠 수 있었던 이야기를 하고자 한다. 그는 내 클래스의 롱렌바롱맨이라고 하는 학생이었다. 그의 실례는 매우 인상적이고 재미있었으므로 나는 그를 저녁 식사에 초대하여 밤늦게까지 그의 경험담을 들었다.

"10년 전, 심한 고민 끝에 불면증에 걸렸다. 나는 긴장하여 안절부절못했고 신경 과민이 되었다. 당시 나는 뉴욕의 크라운 후루츠 앤드 엑스트랙트 회사의 경리 사무를 담당하고 있었는데 우리 회사는 딸기 통조림에 50만 달러를 투자하고 있었다. 벌써 20년 동안이나 그 통조림을 아이스크림 제조업자에게 팔아 왔던 것이다.

그런데 갑자기 이 거래가 끊기고 말았다. 아이스크림 제조업자가 스스로 다량의 딸기를 사들여 돈과 시간을 절약했던 것이다. 따라서 우리는 50만 달러의 딸기를 폐기 처분해야 했고 1년 간 이미 결정된 계약에 따라 백만 달러의 딸기를 사들여야만 했다. 그때 은행에 35만 달러를 빚지고 있었으나 그것을 갚을 능력도 지불 기한을 연기할 가능성도 없었다.

결국 나는 공장 소재지인 캘리포니아로 급히 달려갔다. 그리고 사장에게 사정이 돌변한 사실과 회사가 파산 상태에 직면했다는 것을 보고했다. 그러나 그는 뉴욕 사무소의 무능함만을 탓할 뿐이었다. 며칠 동안 설득한 끝에 우리는 딸기 통조림 제조를 중지하고 나머지는 상품으로 샌프란시스코의 생과 시장에 팔기로 했다. 이처럼 문제가 거의 해결됨으로써 내 고민도 당연히 해결되어야 했지만 실상은 그렇지가 않았다.

고민은 습관이 되기 쉬웠고 나는 습관을 갖게 된 것이다. 뉴욕에 돌아오고 나서도 갖가지 일에 신경이 쓰였으며 이탈리아에서 사들인 버찌, 하와이에서 매입하고 있는 파인애플 등등을 떠올리며 나는 긴장하고 초조해서 잠을 잘 수가 없었다. 그러다가 절망 끝에 나는 새 생활을 발견했다. 그것이 나의 불면증과 고민을 해결해 주었다. 나는 내 모든 능력을 요구하는 문제를 처리하는 데 몰두했다.

그때까지는 하루에 일곱 시간을 일했지만 그 후부터는 하루에 열대여섯 시간을 일했다. 매일 아침 여덟 시에 출근하여 밤늦도록 남아 있었다.

나는 새로운 책임을 맡았다. 밤늦게 집에 돌아왔을 때에는 지칠 대로 지쳐 있었다. 때문에 자리에 들자마자 곧 잠들었다. 나는 이 프로그램을 무려 3개월간 계속했다.

그 후 나는 고민하는 습관에서 벗어날 수 있었으며 얼마 안 가 정상으로 돌아왔다. 이것은 무려 18년 전의 일이지만 이후 나는 불면증이나 고민 때문에 괴로워하지 않았다."

버나드 쇼의 말은 타당하다. 그는 불과 몇 마디의 말로 이 이치를
딱 잘라 말하고 있다.

☑ 사람은 자신이 행복한가 그렇지 않은가를 생각할 만한
여유를 가질 때 쉽게 비참해진다.

7

사소한 것에 목숨 걸지 마라

여기 내가 일생을 두고 잊지 못할 극적인 이야기가 있다. 뉴 저지의 로버트 무어로부터 들은 이야기다.

"1945년 3월, 나는 지금까지의 생애에서 가장 큰 교훈을 얻었다. 그것은 인도차이나의 해안에서 떨어진 해저 276피트에서 벌어진 일이었다. 나는 잠수함 베이어 호에 타고 있던 88명의 군인 가운데 한 사람이었다. 우리는 레이더를 통해 소규모의 일본 호위선단이 이쪽을 향해 오는 것을 발견했다. 먼동이 틀 무렵, 우리는 공격을 개시하기 위해 잠항(潛航)했다. 잠망경을 통하여 보니 일본의 구축함, 유조선, 기뢰 부설함 등이 보였다.

우리는 구축함을 겨누어 세 개의 어뢰를 발사하였지만 빗나가고 말았다. 어뢰 장치가 고장났던 것이다. 구축함은 공격받은 줄도 모르고 항해를 계속했고 우리들은 최후로 기뢰 부설함을 공격할 준비를 갖추었다. 그때 갑자기 기뢰 부설함은 방향을 바꾸어 일직선으로 우리 쪽으로 다가왔다(당시 일본 비행기가 해면 60피트에 있던 우리들을 발견하고 무선으로 우리의 위치를 알려 주었다). 우리들은 적에게 발견되지 않도록 150피트까지 잠수했다. 그리고 수중 폭뢰를 할 준비를 서둘렀다. 우리들은 승강구에 여분의 볼트를 장치하고 잠수함이 소리를 내지 않도록 선풍기, 냉방장치, 그 밖의 모든 전기 장치를 정지시켰다.

그러자 3분 후, 지옥경이 벌어졌다. 여섯 개의 폭뢰가 우리의 주위에서 폭발하여 우리는 276피트의 바다 밑에 가라앉고 말았던 것이다. 모든 탑승원들이 공포에 떨었다. 잠수함은 1천 피트 이내에서 공격을 받으면 위험하고 500피트 이내에서는 아주 치명적인데 우리는 수심 500피트 반보다 약간 깊은 곳에서 공격을 받은 것이다. 안전도로 말하면 무릎이 가려질 정도였다. 일본의 기뢰 부설함은 열다섯 시간 동안 폭뢰를 계속 투하했다. 폭뢰가 잠수함의 15피트 이내에서 폭발하면 진동 때문에 잠수함에 구멍이 뚫린다. 수많은 폭뢰가 잠수함으로부터 50피트 이내에서 폭발했다.

우리는 침대에 누워 움직이지 말라는 명령을 받고 있었고 나는 공포 때문에 숨이 막힐 지경이었다. 나는 '이것으로 최후다! 이것이 마지막이구나!' 라고 되풀이했다. 선풍기나 냉방 장치가 전부 끊어졌기 때문에 배 안의 기온은 100도를 넘은 것 같았다. 그러나 나는 공포에 떨면서 스웨터와 털가죽 자켓을 입었는데 그래도 몸이 부들부들 떨렸으며 이를 악물어도 식은땀이 흘렀다. 적의 공격은 열다섯 시간이나 계속되었다.

그리고 나서 갑자기 조용해지는 것이었다. 일본의 기뢰 부설함이 폭뢰를 다 떨어뜨리고 떠나 버린 모양이었다. 공격을 받고 있던 열 다섯 시간이 1천 5백만 년처럼 느껴졌다. 나의 과거가 눈앞에 펼쳐지는 순간이었다. 내가 범했던 나쁜 짓을 비롯하여 공연히 마음에 걸리는 어리석었던 일들이 주마등처럼 스쳐갔다. 나는 해군에 입대하기 전에는 은행원이었지만 근무 시간은 길었고 급료는 박하고 승진할 가망도 없어서 고민만 하고 있었다. 내 집 하나 장만할 수 없고 새 차도 살 수 없고 아내에게 번번한 옷 한 벌도 사주지 못했다. 언제나 잔소리를 하고 꾸짖기만 하는 늙은 계장을 대하는 일에 진저리가 났다. 밤에 기분이 언짢은 채로 돌아와서 대수롭지 않은 일로 아내와 곧잘 다투기도 했고 자동차 사고로 상처를 입은 것에 대해서도 고민했다.

이전에는 이러한 일이 얼마나 큰 고민거리였는지도 모른다. 그러나 폭뢰에 죽임을 당하지나 않을까 공포에 떨고 있을 때 이 같은 일은 참으로 어리석게만 생각되었다. 나는 그때 이렇게 맹세했다. 만일 두 번 다시 햇빛을 보게 된다면 결코 고민하지는 않겠다고. 나는 공포스런 열다섯 시간 동안 대학에서 4년 동안에 걸쳐 배운 것보다 더 많은 삶의 방법을 배웠던 것이다."

우리는 인생의 큰 걸림돌에는 용감하게 대항하지만 작고 신통치 않은 일에는 타격 받기 쉽다. 예를 들어, 사무엘 피프스의 일기에 의하면 서어 하리 벤이 목이 잘리는 것을 구경했다는 구절이 있다.

바드 제독이 암흑과 혹한의 밤에 발견했던 것도 바로 이와 같다. 부하 대원들은 항상 대단치 않은 것으로 큰 소동을 일으켰다. 그들은 위험과 곤경에 처하고 때로는 영하 80도에 달하는 혹한을 참고 견디고 있었는데도 말이다. 바드 제독은 말한다.

"베개를 나란히 베고 이야기하고 있던 두 사람의 동료가 갑자기 입을 다물었다. 서로 상대방이 자기의 침소에 침입했다고 의심했기 때문이었다. 또 어떤 사람은 음식물을 28회나 씹도록 하는 완전 저작주의자(詛嚼主義者)가 있는 자리에서는 음식물이 목구멍으로 넘어가지 않는다고 불평했다. 극지의 캠프에서는 이처럼 사소한 일이 잘 훈련된 인간마저도 광기에 가깝게 몰아 넣는다."

여기서 언급한 극지의 캠프는 불행한 결혼 생활과도 견줄 만한 것이다. 시카고의 조셉 사바스 판사는 4만 건에 이르는 불행한 결혼을 중재하면서 이렇게 단언하고 있다.

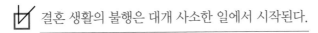 결혼 생활의 불행은 대개 사소한 일에서 시작된다.

또 뉴욕의 지방 검사 프랭크 S. 호건도 이렇게 말한다.

"형사재판 사건의 과반수는 사소한 것이 원인이다. 술집에서의 주정, 가정에서의 말다툼, 모욕적인 언사, 욕설, 무례한 행동, 이런 사소한 일이 폭행과 살인을 부르는 것이다. 몹시 부당하게 억울한 꼴을 당한 사례는 거의 없다. 자존심을 다치거나 멸시 당하는 일 같은 사소한 일이 이 세상 고민의 반 이상을 차지한다."

엘리너 루즈벨트는 결혼을 한 후 심각한 고민에 빠졌다. 새로운 요리사가 요리한 음식이 입에 맞지 않았기 때문이다. 그녀는 이렇게 말하고 있다.

"지금이라면 어깨를 한 번 으쓱할 따름 아무렇지도 않다."

한때 포악하기로 이름난 캐더린 대제(大帝)마저도 요리사가 요리에 실패했을 때 웃어넘기고 말았다고 한다.

우리 부부가 시카고에 사는 친구의 만찬에 초대받았을 때의 일이다. 내 친구가 고기를 자르려다가 실수를 했다. 나는 그것을 알아채지 못했고 설령 알았다고 해도 잠자코 있었을 것이다.

그러나 그의 부인이 갑자기 쏘아붙였다.

"여보, 당신 뭐예요. 언제쯤에나 칼질을 제대로 할 거죠?"

그리고는 우리에게 말했다.

"이이는 언제나 실수만 하거든요. 주의 깊지 못해서요."

그 순간 나는 그 부인과 20년 이상을 살고 있는 그에게 경의를 표하지 않을 수가 없었다. 나는 잔소리를 지긋지긋하게 하는 여자와 함께 북경의 오리 고기나 상어 지느러미 요리를 먹기보다는 안락한 분위기에서 핫도그를 먹는 편이 훨씬 유쾌하다고 생각한다.

이 일이 일어난 직후 우리들은 몇 명의 친구들을 저녁 식사에 초대했다. 손님이 도착하기 조금 전 아내는 냅킨 세 장이 테이블 클로스와 함께 갖춰져 있지 않았음을 알게 되었다.

나중에 그녀는 나에게 말했다.

"요리사에게 물으니 그 세 장은 세탁소에 보냈다고 하더군요. 손님이 이미 현관에 들어서고 있어 미처 바꿔 깔 만한 시간이 없었고 나는 울고 싶어졌어요. 그래서 '이런 사소한 실수로 이 중요한 밤을 불쾌하게 지낼 것인가?' 하고 생각했습니다. 결국 생각을 바꿨지요. 될 대로 되라구요. 그리곤 즐거운 시간을 보내려고 마음을 먹은 뒤 식탁에 앉았고 다행히 즐거웠습니다. 나는 신경질적이고 무뚝뚝한 여자라는 평을 받기보다는 주책없는 주부라고 생각되는 편이 낫다고 여겼어요. 게다가 그 누구도 냅킨에는 관심이 없었습니다."

유명한 법률상의 금언 중에 법률은 자질구레한 일에는 관여하지 않는다는 말이 있다. 고민에서 헤어나 마음의 평화를 바라는 사람이라면 이 말을 기억해야 할 것이다.

저술가인 나의 친구 호머 클로이는 이에 대해 훌륭한 실례를 보여 주고 있다. 그는 뉴욕의 아파트에서 저술에 종사하고 있을 때 난방 장치의 소리에 언제나 골머리를 앓았다. 스팀에서 슈— 소리가 울릴 때마다 초조한 감정에 정신이 아찔아찔할 지경이었다.

클로이는 이렇게 말했다.

"한 번은 캠핑을 떠났다. 그리고 모닥불을 쬐는 동안 모닥불 타는 소리가 난방 장치의 스팀 소리와 흡사하다고 생각했다. 한편으로는 유쾌하고 한편으로는 불쾌했다. 집에 돌아와서 나는 말했다. '모닥불 소리는 즐거웠다. 난방 장치의 소리도 흡사하지 않은가? 잠자리에 들면 소리 따위에는 신경을 끄도록 하자.' 나는 그대로 했다. 2, 3일은 난방 장치가 마음에 걸렸지만, 그 후로는 말끔히 잊어 버렸다. 수많은 사소한 고민도 이와 같은 것이다. 괴로워하며 어쩔 줄 모르는 것은 그 일을 과장하여 생각하기 때문이다."

☑ 인생은 그것을 축소하기에는 너무 짧다.

___

또 앙드레 모루아는 〈디스 위크〉 지에 이러한 글을 쓰고 있다.

"우리들은 가볍게 보고 잊어도 좋을 만한 사소한 일에 당황한다. 우리들이 이 지상에 머무는 시간은 겨우 수십 년에 불과하다. 그런데도 1년 후에는 모든 사람의 기억 속에서 틀림없이 잊혀질 불평 불만들에 대해 고민함으로써 귀중한 시간을 낭비하고 있다. 우리는 인생을 가치 있는 행동과 감정에, 또 위대한 사상에, 진실한 애정에, 영구적인 사업에 바쳐야 한다. 인생은 작게 살기에는 너무도 짧다."

기프링과 같은 유명한 인물마저도 때로는 인생은 작게 살기에는 너무나 짧다라는 말을 잊곤 했다. 그 결과 그와 그의 처남은 바몬드

사상 가장 유명한 소송으로 오랜 시간을 다투었다. 심지어는 그에 대해 책을 한 권 쓸 정도이다.

기프링은 바몬드의 아가씨 캐롤린 바레스티아와 결혼하여 바몬드의 브랏들보로에 훌륭한 저택을 짓고 여생을 보낼 작정이었다. 처남 비티 바레스티아는 기프링의 친구가 되었고 두 사람은 함께 일하고 즐겼다. 그 동안 언젠가 기프링은 바레스티아로부터 철마다 건초를 수확한다는 조건으로 땅을 샀다.

그런데 어느 날 바레스티아는 기프링이 목초장에 화원을 만들고 있다는 사실을 알았다. 바레스티아는 화가 났고 기프링도 이를 양보하지 않았다. 이쯤 되자 바몬드의 푸른 산도 그 빛을 잃었다. 며칠 후, 기프링이 자전거를 타고 길을 지나갈 때 그의 처남이 마차와 여러 마리의 말을 몰아 그의 앞을 가로막았고 기프링은 자전거에서 넘어지고 말았다.

주위 사람들이 모두 자제심을 잃은 채 당신에게 비난을 퍼부어도 당신만은 자제심을 가져라고 쓴 적 있는 기프링은 그 말과는 정반대로 바레스티아를 체포해줄 것을 요청했다. 그러자 선정적인 공판이 시작되었고 대도시에서 보도진이 밀어닥쳤고 뉴스는 온 세계에 퍼졌다. 그러나 사건은 해결되지 않았고 이 싸움으로 말미암아 기프링 부처는 그들의 여생을 미국에서 보낼 수 없게 되었다. 모든 사람들의 고민이나 고통도 사소한 일, 건초 한 다발과 같은 일에서 시작된다.

페리클레스는 24세기 전에 이런 말을 했다.

☑ 우리는 사소한 일을 너무 오랫동안 이야기한다.

여기에 하리 에머슨 퍼스딕 박사의 재미있는 이야기가 있다. 숲 속에 사는 거인의 승패담이다.

콜로라도 주 롱 피크의 경사지에 거목의 잔해가 있다. 한 박물 학자가 그 나무는 4백 년은 넘었을 것이라고 말했다. 이 나무는 콜롬버스가 산 살바도르에 상륙했을 때에는 묘목이었고 영국의 청교도들이 프리마스에 정주했을 때는 반쯤 성장했었다. 또한 오랜 세월 동안 열네 번이나 벼락을 맞았고 그 동안 눈사태나 폭풍이 몇 번이고 엄습했다. 그러나 이 나무는 그것을 이겨냈다. 그러던 어느 날 딱정벌레 떼가 몰려와 나무를 쓰러뜨렸다. 벌레들이 나무 껍질을 파고 들어가 조금씩 쉴새없이 공격하여 활력을 파괴해버린 것이다.

숲 속에 사는 거인. 연륜에도 시들지 않고 벼락에도 불타지 않고 폭풍우에도 굴하지 않던 거목이 끝내 작은 벌레, 사람의 손가락으로도 짓이길 수 있는 그 조그마한 벌레 때문에 쓰러지고 만 것이다.

우리들 인간이야말로 이 용감한 숲속의 거인을 닮은 것은 아닐까? 사나운 폭풍우나 눈사태나 인생의 벼락은 이겨내지만 고민이란 손가락으로 짓이겨 버릴 수 있을 만큼의 작은 벌레 때문에 마음을 좀 먹히고 있지는 않은가?

몇 년 전 나는 와이오밍의 공도 관리자 찰스 시프레드와 그의 친구들과 함께 데톤 국립 공원을 여행했다. 이때 우리들은 공원 안의 존 D. 록펠러의 소유지를 방문하기로 했다. 그런데 차가 길을 잘못들어 한 시간이나 늦게 도착했다. 문의 열쇠를 맡고 있던 시프레드는 그 한 시간 동안이나 모기가 득실대는 숲속에서 기다려 주었다. 이곳의 모기는 실로 대단했는데 그 모기들도 시프레드만은 굴복시키지 못했다. 그는 우리들의 도착을 기다리는 동안, 버들가지를 꺾어 피리를 만들고 있었고, 우리가 도착했을 때 모기 따위는 아랑곳없이 즐거운 듯 피리를 불고 있었다. 나는 사소한 일에 굽히지 않은 훌륭한 인간의 기념품인 그 피리를 얻어서 간직하고 있다.

마음의 병을 몰아내는 방법

8

나는 어렸을 적 미주리의 농장에서 자랐다. 어머니의 버찌 따는 일을 돕고 있던 어느 날, 갑자기 울음을 터뜨렸다. 어머니가 물으셨다.

"디일, 왜 우는 거니?"

나는 울면서 '내가 살아 있는 채로 매장 당할까봐 걱정이에요'라고 대답했다.

그 무렵 나는 세상 만사가 고통스러웠다. 번개가 치면 벼락에 맞아 죽지나 않을까 걱정했고 집안 형편이 어려워지면 당장 굶지나 않을까 두려워했으며 또한 죽으면 지옥으로 갈까봐 걱정했다.

심지어는 나보다 나이가 많은 샘 화이트가 내 귀를 잘라 버리지나 않을까 걱정했다. 그는 언제나 나를 위협하곤 했다. 또한 모자를 벗고 인사하면 여자 아이들에게 웃음거리가 되지나 않을까 주저했고 또 나와 결혼해 줄 여자는 한 사람도 없을지 모른다고 생각했다. 결혼 직후에는 어떤 이야기를 꺼내야 좋을까 걱정했다. 아마 어떤 시골 교회에서 식을 올리게 되겠지만 식이 끝난 후 단장을 한 사륜마차를 타고 농장으로 돌아오겠지. 그때 마차 속에서 어떤 이야기를 하면 좋을까?

나는 밭을 갈면서 이런 문제들로 머리를 앓고 있었다.

나이가 들면서부터 나는 이제껏 고민하고 있었던 99퍼센트의 일이 끝끝내 일어나지 않았다는 사실을 깨달았다. 천둥소리를 무서워했지만 벼락 때문에 죽는 사람은 1년에 35만 명 중 한 사람 꼴이라는 것이다. 실제로 '평균율의 법칙'에 의거해 우리가 하는 고민의 정당성을 타진한다면 그 90퍼센트는 틀림없이 해소될 것이다.

세계에서 가장 유명한 보험 회사는 사람들이 드물게 일어나는 일로 괴로워한다는 것을 이용해서 막대한 돈을 벌었다. 우리가 걱정하고 있는 재난들이 일어나느냐 그렇지 않느냐에 대해 내기를 건 것이다. 물론 그것은 도박이 아닌 보험으로 불리고 있는데 이것 또한 평균율의 법칙에 의거한 계약이다.

그리고 이 보험 회사는 창립 2백 년이 되어가지만 인간의 성질이 변화하지 않는 한 앞으로도 틀림없이 발전할 것이다. 세상 사람이 상상하는 만큼은 자주 일어나지 않는 재난에 대해 평균율의 법칙에 의해서 구두, 선박, 봉랍(封蠟) 따위에 틀림없이 보험을 들게 할 것이다.

만일 우리들이 평균율의 법칙을 조사해 본다면 생각지도 않았던 사실에 틀림없이 놀라게 될 것이다. 예를 들어 앞으로 5년 안에 게티즈버그 전쟁에 버금가는 격전에 참가해야 한다면 이내 공포에 떨게 될 것이고 따라서 있는 돈을 다 털어 보험에 들고 유언장을 작성해 재산과 그 밖의 것을 정리할 것이다. 또한 '전쟁에서 살아 돌아오지 못할 테니 남은 몇 년 동안 마음껏 향락할 것이다'라고 말할 것이다.

그러나 실제로 게티즈버그 전쟁의 위험률은 전쟁이 없을 때 50세에서 55세 사이의 사망 위험률과 동일한 것이었다. 고로 전쟁이 없을 때에 50세에서 55세까지의 사이에 죽는 사람의 사망률이 게티즈버그의 싸움에 참가한 16만 3천의 장병의 사망률과 거의 같다는 것이다.

나는 이 책의 절반을 보우 호반에 있는 친구의 별장에서 집필했다. 그 해 여름 나는 거기서 하버드 H. 샐링거 부부를 만났다. 샐링거 부인은 침착하고 조용한 여성이며 고민 같은 것을 모르고 살아온 사람으로 보였다. 어느 날 밤, 난로 가에서 이야기를 나누던 중 나는 그녀에게 이제까지 고민 때문에 고생한 일이 있느냐고 물어보았고 그녀는 이렇게 대답했다.

"고민이요? 나는 그것 때문에 일생을 망쳤어요. 2년 동안, 스스로 만든 지옥 속에서 헤매다가 가까스로 벗어났습니다.

나는 몹시 성격이 급해서 언제나 안절부절못하고 있었어요. 매주

산 마디오에서 샌프란시스코까지 버스로 물건을 사러 갔지만 쇼핑하는 동안에도 여러 가지 집안 일이 걱정이 되어서 어쩔 줄을 몰라 했지요. 전기 다리미 코드는 뽑고 나왔나, 아이들이 밖에서 자전거를 타다가 자동차에 치이지나 않을까 등등의 근심거리 때문에 한참 물건을 흥정하다가도 뛰쳐나와 버스를 타고 되돌아오곤 했지요. 나의 첫 번째 결혼이 불행했던 것도 무리가 아니었어요.

지금 두 번째 남편은 변호사인데 매사에 고민을 하지 않는 조용하고 비판적인 성격의 소유자였습니다. 내가 초조하기 시작하면 이렇게 말해 주었어요. '좀 침착해요. 도대체 무엇이 그렇게 마음에 걸리는 거요. 잘 생각해 봐요. 평균율의 법칙에 의거해서 과연 그것이 현실적으로 일어날 것인가 가늠해 보는 것이 어떻겠소.'

한 번은 이런 일도 있었습니다. 뉴멕시코의 알브커그에서 칼스바드 가반즈까지 험한 길을 드라이브하고 있었는데 도중에 폭풍우를 만났습니다. 차는 흔들리고 길이 미끄러워 제대로 운전할 수가 없었고 차가 옆으로 미끄러질 것 같아서 마치 바늘방석에 앉은 것 같은 느낌이었습니다. 그러나 남편은 이렇게 말했습니다. '나는 천천히 운전하고 있으니까 괜찮아. 설령 도랑에 박힌다고 해도 평균율의 법칙에 따르면 상처는 입지 않을 테니까.' 그의 침착함과 자신감은 나를 진정시켰지요.

또 어느 여름에는 캐나디언 록키즈의 계곡으로 캠핑을 떠났습니다. 그 날 저녁, 해발 7천 피트 지점에서 야영을 하던 중 폭풍우를 만났습니다. 텐트가 당장이라도 날아가고 말 것 같았고 안쪽 텐트는 야무지게 나무에 묶여 있었지만 바깥쪽 텐트는 바람에 펄럭였어요. 나는 지금 당장이라도 텐트가 찢겨 하늘 높이 날아가지나 않을까 마른침을 삼켰습니다. 그러자 남편은 태연하게 이렇게 말하더군요. '여보, 우리들은 브루스타의 가이드와 함께 여행을 하고 있는 거야. 그들은 이럴 때 어떻게 하면 좋을지를 잘 알고 있어. 그들은 60년이나 이 산속에서 텐트를 치고 살아온 사람들이야. 이 텐트도 퍽 오래 전부터 여기에 쳐 있었지만 지금까지 바람에 날아간 본 적이 없는 듯하군. 평균율의 법칙을 따져 봐도 오늘밤에 사고는 없을 테니까. 만일 텐트가 날아가도 다른 텐트로 옮기면 되잖아. 그러니까, 걱정은 그만해.' 나는 침착해졌습니다. 그리고 그날 밤 편히 잤습니다.

또한 몇 해 전 소아마비가 크게 번진 일이 있었습니다. 아마 전 같았더라면 히스테리를 일으켰을 거예요. 그러나 남편은 나를 진정시켜 주었습니다. 우리들은 될 수 있는 대로 조심을 했지요. 사람이 많이 모인 곳에 가지 않도록 아이들에게 주의를 주었고 학교와 극장에도 가지 못하게 했어요. 위생국의 보고를 조사해본 결과 지금까지 캘리포니아에서 소아마비가 가장 극심하게 유행했을 때에도 그 병에 걸린 아이들은 전 주에서 1천853명이었고 보통 때는 2, 3백 명이었습니다. 물론 이것도 유감이지만 평균율의 법칙에 의하면 아이들이 그 병에 걸리는 일은 극히 드물다는 사실을 알게 되었어요. 이 '평균율의 법칙에 의하면' 이라는 말이 제 고민의 90퍼센트를 제거해 주었습니다. 그리고 제 생활을 아름답고 평화롭게 만들어 주었어요."

미국 역사상 최대의 인디언 파이터인 조지 크르크 장군은 그의 〈자서전〉에서 '인디언의 모든 괴로움과 불행의 대부분은 그들의 상상 속에서 생긴 것이지 현실에 의한 것이 아니다' 라고 기록하고 있다.

짐 그란트는 뉴욕에 있는 제임스 A 그란트 디스트리뷰팅 컴퍼니의 경영자다. 그는 플로리다 산 오렌지나 포도를 한 번에 화차 열대에서 열다섯 대 분량이나 주문했는데 언제나 다음과 같은 걱정으로 고민했다.

혹시 열차가 뒤집히진 않을까, 과일들이 선로에 흩어져 버리지는 않을까, 행여 화차가 철교를 통과할 때 철교가 무너지지나 않을까. 물론 화차는 보험에 들어 두었지만, 약속한 때에 과일을 배달하지 않으면 단골집을 잃어 버릴 위험이 있었다.

그는 그 즈음 위장병을 심하게 앓고 있었고 암이라고 생각한 그는 고민 끝에 의사에게 진찰을 받았으나 별로 이상은 없었다. 단지 신경성이라는 진단이 나왔을 뿐이었다. 그는 의사의 말을 듣고서야 겨우 마음을 놓았다.

"결국 나는 자문자답을 시작했다. '이봐, 짐. 지금까지 몇 대 정도의 과물(果物) 화차를 취급해 왔나? 약 2만5천 대지. 그 중에서 몇 대가 사고를 당했나? 다섯 대 정도일걸.' 나는 스스로를 타일렀다. '2만 5천 대 중 겨우 다섯 대라니? 5천 분의 1에 불과하지 않은가. 도대체 무엇을 걱정하는 거야? 그래도 철교가 무너질지 모르지. 그렇다면 지금까지 철교 추락으로 인해 사고가 난 화차가 몇 대 있었어? 한 대도 없어.'

그래서 또 자신에게 말했다. '자네 바보로군. 한 번도 일어나지 않은 철교의 추락이나 5천 대 1의 위험률밖에 안 되는 열차의 전복을 고민하다 위암이 생긴 게 아닌가 하고 속을 태우다니!'

이렇게 생각해 보니 내가 어리석었다는 것을 깨달았다. 따라서 나는 내 고민에 평균율의 법칙을 적용하기로 했다. 그 후 나는 위암 따위를 고민해 본 적이 없다."

알 스미드가 뉴욕의 지사로 있었을 때 그는 정적(政敵)의 공격에 대해서 '기록을 조사해 보자…… 기록을 조사해 보자'라고 대답한 것을 들은 일이 있다.

그 후, 그는 사실대로 실천하여 나갔다. 만일 당신이 지금 앞으로 일어날지도 모를 일을 고민하고 있다면 현명한 알 스미드의 충언에 따라 기록을 조사하고 우리를 괴롭히는 불안에 어느 정도의 근거가 있는지를 검토해야 할 것이다.

프레데릭 B. 마르스테드는 무덤 속에 누워 있다는 느낌을 현명하게 물리쳤다. 그의 이야기는 다음과 같다.

"1944년 6월 초, 나는 999 통신 중대의 일원으로 노르망디 오마

하 비치 근처의 좁다랗고 긴 참호 속에 있었다. 나는 참호를 둘러보고는 '마치 무덤 같군' 하고 중얼거렸다. 실제로 그 안에 누워 잠을 청하자 참호는 완벽한 묘지처럼 느껴졌으며 그리고 '이것이 내 무덤일지도 모른다'고 혼잣말을 하지 않을 수 없었다. 밤 11시 경 독일 폭격기가 나타나 폭탄을 투하하자 나는 극도의 공포에 사로잡혔다. 그리고 며칠간을 뜬눈으로 지새웠다.

사나흘이 지나자 차츰 신경 쇠약 증세가 나타나기 시작했고 점점 미칠 것만 같았다. 드디어 닷새 째가 되었을 때 나는 내가 아직 살아 있다는 것을 깨달았고 다른 동료들도 무사하다는 걸 알았다. 부상당한 사람이 둘 있었지만 그들은 독일군의 폭탄이 아니라 아군 고사포의 작열탄 파편에 다친 것이었다. 나는 무엇인가 건설적인 일을 함으로써 고민을 멈추게 하려고 결심했다. 그리고 참호 위에 파편을 막을 용도로 쓸 두꺼운 나무 지붕을 얹었다.

나는 우리 부대가 퍼져 있는 넓은 지역을 생각해 보았다. 깊고 좁은 참호 속에서 유일한 위험은 직접탄(直接彈)을 맞는 일이었다. 그러나 직접탄에 맞을 확률은 1만 분의 1이 될까 말까였다. 그 사실을 깨닫고 나니 점차 마음이 가라앉았고 며칠 뒤에는 심한 폭격 속에서도 잠을 잘 수 있게 되었다."

미 해군은 장병의 사기를 북돋우기 위해 평균율의 법칙 통계를 이용하고 있다. 이것은 어느 수병의 이야기다.

그와 그의 친구는 고(高) 옥탄 유조선에서 근무하라는 명령을 받자 걱정이 태산이었다. 당시 그들은 고 옥탄 가솔린을 실은 유조선이 어뢰를 맞으면 배가 폭발해 전 승무원이 모두 죽는 줄로만 믿고 있었던 것이다.

그러나 미 해군은 그것을 믿지 않은 채 정확한 숫자를 공표 했다. 그에 의하면 어뢰에 명중한 1백 척의 탱크 가운데 60척은 침몰하지 않았으며 침몰한 40척도 10분 내로 침몰한 것은 겨우 다섯 척에 지나지 않았다. 결국 배에서 대피할 시간이 있다는 것이고 사상자는 극소수라는 이야기가 된다.

그렇다면 실제로 이 사실이 사기를 유지하는 데 도움이 되었을까? 미네소타 주 센트 펄의 그라이드 W. 마스는 '이 평균율 법칙에 관한 지식은 우리들의 불안을 일소했다' 고 내게 말했다.

"전 승무원은 용기를 회복했다. 우리들에게는 찬스가 있으며 평균율의 법칙에 의하면 대다수가 전사할 것이라는 생각은 매우 터무니없는 것이었다!"

9

불가피한 것과는 타협하라

어린 시절, 미주리의 낡은 집 다락에서 친구들과 놀고 내려올 때 문틀에 살짝 발을 딛고 뛰어내렸다. 그 순간 왼쪽 가운데 손가락에 끼고 있던 반지가 못에 걸려 손가락이 찢어지고 말았다.

나는 무서워서 비명을 질렀고 죽을지도 모른다고 생각했다. 그러나 찢겨진 곳이 뭉툭하게 아물자 다시는 그런 생각을 하지 않았다. 그런 것을 자꾸 떠올려봤자 아무런 도움이 되지 않는다는 것을 깨달았고 받아들였다.

지금, 내 왼쪽 손가락은 네 개뿐이지만 나는 한 번도 그것을 비관적으로 생각해본 적이 없다.

수 년 전, 뉴욕 변두리의 어느 빌딩에서 화물 엘리베이터 운전자를 만났다. 그의 왼쪽 손은 손목부터 절단되어 있었다. 나는 그에게 손 하나가 없는 것이 괴롭지 않느냐고 물어 보았다.

"아니오, 그런 일은 생각해본 적이 없습니다. 참고로 나는 독신자인데 손 하나 없는 것이 불편하다고 느끼는 건 오직 바늘에다 실을 꿸 때뿐입니다."

인간은 어쩔 수 없는 상황이 되면 어떠한 일도 받아들인다. 그것에 적응함으로써 잊어 버리는 것이기 때문이다.

나는 네덜란드의 암스테르담에 있는 15세기 사원의 폐허에서 본 비명을 지금까지도 잊을 수 없다. 그것은 플란더즈 말로 '당연하리라, 다른 방법은 없을 테니까' 라고 씌어 있었다.

우리는 오랜 인생을 항해하는 동안 어쩔 수 없는 많은 일들을 겪게 되며 그것은 피할 수 없는 일이다. 선택은 언제나 당신의 자유다. 즉, 그것을 불가피하게 받아들여 자신을 그것에 적응시키거나 그것에 반항해서 인생을 멸망케 하거나 그렇잖으면 신경 쇠약에 걸려 인생을 헛되게 끝마칠 수도 있다.

존경하는 철학자 윌리엄 제임스의 현명한 충고를 보라.

☑ 그것을 액면 그대로 받아들여라. 일어난 일을 받아들인다는 것은 불행한 결과를 극복하는 최선이다.

오리건 주 포틀랜드의 엘리자베스 콘리는 갖은 고생 끝에 이를 깨달을 수가 있었다. 이것은 최근 그녀가 나에게 보낸 편지를 인용한 것이다.

"북 아프리카에서의 승리를 축하하던 그날 나는 육군성으로부터 내가 가장 사랑하는 조카가 행방불명되었다는 전보를 받았습니다. 그리고 그로부터 얼마 후 전사했다는 비보가 날아왔습니다. 나는 비탄에 빠지고 말았습니다. 나는 이 조카를 키우는 데 온갖 힘을 기울였습니다. 나는 그가 착하고 아름다우며 이상적인 청년으로 자라 주어 기쁘기만 했어요. 그 아이가 커 가는 모습을 보는 것은 마치 물위에 던진 검은 빵이 모두 맛있는 케이크가 되어 되돌아오는 것 같은 기분이었습니다.

그러던 중에 이 전보가 왔고 내 세계는 무너지고 말았습니다. 나는 삶의 목적을 잃어 버렸고 일도 손에 잡히지 않았으며, 친구들조차 멀리하게 되었지요. 만사를 될 대로 되라고 내버려두었습니다. 세상을 원망하고 사람을 원망했습니다. 왜 소중한 조카를 잃어야만 하는가, 희망에 찬 이 훌륭한 청년이 왜 죽임을 당해야 했는가? 나는 그 사실을 받아들일 수가 없었던 것입니다. 나는 비탄에 억눌려 일도 그만두고 눈물과 슬픔뿐인 생활에 완전히 젖어 버렸습니다.

어느 날 나는 이곳을 떠날 준비를 했습니다. 그리고 책상을 청소하다가 한 통의 편지를 발견했어요. 그것은 전사한 조카로부터 온 것으로 내 어머니가 3, 4년 전 돌아가셨을 때 위로 차 써 보내준 것이었습니다.

'저희들도 할머니가 돌아가셔서 쓸쓸함을 금할 길이 없었습니다.

숙모님께서는 특히 그러시겠지요. 그래도 저는 숙모님께서 슬픔을 이겨내실 거라고 믿습니다. 반드시 그렇게 하실 것이라 믿고 있습니다. 저는 숙모님께서 가르쳐 주신 수많은 아름다운 진리들을 결코 잊을 수가 없었습니다. 예를 들어 어디에 있든지 아무리 멀리 떨어져 있다 해도 언제나 미소를 잊지 말아라, 어떤 일이 있어도 남자답게 그것을 받아들이라는 숙모님의 교훈을 저는 꿋꿋이 기억하고 있습니다.'

나는 몇 번이고 그 편지를 되풀이해서 읽었습니다. 그는 내게 이렇게 말하고 있었어요. '숙모님은 왜 나에게 가르쳐 주신 일을 실행하시지 않습니까. 무슨 일이 일어나더라도 스스로를 굳건히 지탱해 주세요. 슬픔을 미소 뒤에 감추고 버티어 주십시오.'

그래서 나는 다시 일을 시작했고 원망도 버렸습니다. 나는 자신에게 '이미 저질러진 일이다. 내 힘으로는 어쩔 수 없다. 그러니 그가 내게 기대한 것처럼 굳세게 버티기로 하자.' 라고 끊임없이 타일렀던 것입니다. 나는 전심 전력을 다해 다른 사람들의 아들에게 위문 편지를 보냈습니다.

그 후, 야간 성인 클래스에 출석해 새로운 지식을 배웠고 새 친구를 사귀었습니다. 나는 지금 내게 일어난 변화를 믿을 수가 없습니다. 나는 사라진 과거를 슬퍼하지 않게 되었으며 지금은 기쁨에 충만한 나날을 보내고 있습니다. 마치 조카가 나에게 기대했던 것처럼 말이지요."

엘리자베스 콘리는 삶을 통해 반드시 배워야 할 것을 배운 것이다. 불가피함을 받아들여 그것에 순응하지 않으면 안 된다.

"그것은 그런 것이다. 그 밖에는 방법이 없을 테니까."

이것은 좀처럼 배우기 어려운 일이다. 왕좌에 앉은 군주들마저도 이 일을 새겨두기 위해 노력했다.

조지 5세는 궁전 도서실 벽에 다음과 같은 말을 걸어 놓았다.

☑ 달을 보고 울지 않도록, 엎질러진 우유를 후회 않도록.

위의 말을 쇼펜하우어는 이렇게 표현했다.

☑ 인생의 길을 떠날 때 충분히 단념하는 것이야말로 무엇보다도 중요한 준비다.

단순히 주변 환경 그 자체가 우리를 행복하거나 불행하게 만드는 것은 아니다. 우리의 감정을 결정짓는 것은 그 환경에 대한 반응 여하에 달려 있다. 그리스도는 천국은 너희들 안에 있다라고 말했으며 따라서 지옥 또한 우리들 안에 있는 것이다.

브스 다킹턴은 항상 이렇게 말했다.

"나는 내 인생이 강요하는 것이라면 무엇이라도 참을 수 있다. 다만 예외가 있다면 그것은 무모함이다. 나는 이것만은 견딜 수 없다."

60세가 넘었을 즈음 다킹턴은 마룻바닥의 융단이 부옇게 보인다는 걸 깨달았다. 그리고 이내 무늬조차 분간할 수 없었다. 그는 즉시 전문의에게로 달려갔고 비통한 사실을 알게 되었는데 점차 시력을 잃어 가고 있었던 것이다. 이미 한쪽 눈은 보이지 않았고 또 한쪽 눈도 점차 어두워져갔다. 가장 두려워하고 있던 불행이 마침내 닥쳐온 것이다.

그렇다면 그는 이 '최악의 불행'에 어떤 반응을 보였을까? '드디어 올 것이 왔구나! 나의 일생도 이것으로 마지막이다!'라고 느꼈을까? 아니다, 놀랍게도 그는 명랑한 기분이었다. 심지어는 유머러스하기까지 했다. 눈앞에 떠오르는 검은 반점이 머리를 어지럽히고 눈앞은 점점 어두워져갔다. 그러나 큰 반점이 나타나면 그는 이렇게 말했다.

"허허! 영감님 또 오셨군요! 날씨도 좋은데 오늘은 어디 가시려구?"

두 눈이 완전히 보이지 않게 되었을 때 다킹턴은 말했다.

"나는 내게 닥친 재앙을 받아들일 수 있었다. 사람이 다른 모든 것을 용인하는 것처럼, 만일 눈뿐만이 아닌 다섯 가지의 감각 전부를 잃었다고 해도 나는 마음속으로 삶을 살아낼 수 있었을 것이다. 우리가 그것을 알든 모르든 간에 우리는 마음속에서 보고 마음속에서 살고 있다."

그는 시력을 되찾기 위해 1년에 열두 번 이상 국부 마취로 수술을 받았다. 그러나 그에 대해 아무런 불평도 하지 않았다. 그는 그저 고통을 더는 유일한 방법으로서 그것을 달게 받아들인 것이다. 그는 특실을 거절하고 일반 병실로 들어갔으며 그곳에서도 다른 환자들을 격려하려고 노력했다. 그리고 자신은 오히려 다행이라고 생각했다.

"얼마나 훌륭한 일인가, 오늘날의 과학은! 인간의 눈과 같은 델리케이트한 것까지 수술할 수 있다니!"

보통사람이라면 12회나 수술을 받고서도 여전히 앞이 안 보인다면 틀림없이 신경 쇠약에 걸렸을 것이다. 그러나 다킹턴은 달랐다.

"이 쓰라린 경험을 보다 행복한 경험과 바꾸고 싶은 마음이 나에게는 전혀 없다."

그것은 그에게 도저히 견디기 어려운 어떠한 불행도 참아낼 수 있다는 사실을 가르쳐 주었다. 그는 일찍이 존 밀턴이 깨달은 것처럼 장님이 되었다고 해서 비참한 것이 아니다. 단지 눈이 멀었다는 사실을 견디지 못한다는 것이 비참하다는 말의 의미를 터득했다.

뉴잉글랜드의 유명한 여권주의자 마가렛 플라는 '나는 우주를 받아들일 수 있다'고 말했다. 그것은 그녀의 신조였다.

자, 우리들도 이제부터는 불가피한 것들을 받아들여야 한다. 이에 대해 대항하고 발버둥을 친다 해도 그 불가피함을 변동시킬 수 없다는 사실을 잊지 말아야 한다. 오히려 그 불가피함이 나를 변질시키고 뒤틀리게 만든다. 나는 이 사실을 몸소 경험했다.

언젠가 나는 단 한 번, 내가 직면한 불가피한 사태를 받아들이려고 하지 않았다. 어리석게도 나는 반항을 생각했다. 나는 매일 밤 불면의 지옥을 헤매었고, 온갖 짜증 속에 묻혀 있었다. 그렇게 1년 간이나 자신을 괴롭힌 끝에야 나는 아무래도 그것을 바꿀 수 없다는 사실을 받아들일 수밖에 없었다.

진작부터 나도 월트 휘트먼의 노래를 함께 불러야 했다.

아! 마주 대하라, 밤과 폭풍과 굶주림에

비웃음과 재앙에 반항까지도.

수목이나 동물이 그렇듯이.

나는 12년 동안이나 젖소를 길러 왔지만 가뭄 또는 우박이나 추위로 목초가 말라 버린다고 해서 또는 사랑하는 상대가 다른 소와 아주 사이 좋게 지낸다 해서, 젖소들이 화를 내는 일을 본 적이 없다. 동물은 밤에도 폭풍우에도 굶주림에도 태연히 맞선다. 그러므로 동물은 결코 신경 쇠약이나 위암에도 걸리지 않으며 미치지도 않는다.

그렇다고 우리의 길을 가로막는 모든 재앙에 대해 무조건 머리를 굽히라는 것은 결코 아니다. 그것은 단순한 운명론일 뿐이니까. 만일 그 사태를 조금이라도 개선할 가능성이 있다면 얼마든지 싸워야 할 것이다. 그러나 그것이 사람의 힘으로 어쩔 수 없는 것이라면 미치광이가 아닌 한 앞뒤를 돌아보고 일단 그릇된 일에 대해 고민할 필요는 없다는 것이다.

콜롬비아 대학의 허크스 학장은 언젠가 내게 자신은 마더 구스의 1절을 좌우명으로 삼고 있다고 말한 적이 있다.

태양 아래의 모든 고통에는 구원이 있다지만
개중에는 없는 것도 있지.
만일 있다면 그것을 찾아 보라.
만일 없다면 그것을 잊어라.

이 책을 쓰고 있는 동안 나는 미국의 수많은 지도적 실업가와 회견을 가졌다. 나는 그들이 불가피함에 협력한 뒤 완전히 고민 없는 생활을 보내고 있다는 데 감탄했다. 만일 그렇게 하지 않았더라면 그들은 하루하루를 긴장 속에 보내야 했을 것이다.

두세 가지의 실례를 보기로 한다.

페니 스토어의 창설자 J.C. 페니는 다음과 같은 이야기를 했다.

"나는 전 재산을 잃는다 해도 고민하지 않을 것이다. 걱정을 한다고 해서 도움되는 건 아무것도 없기 때문이다. 다만 최선을 다하고 결과는 하나님께 맡길 뿐이다."

헨리 포드도 비슷한 말을 했다.

"내가 감당할 수 없는 일은 그쪽에 맡기기로 했다."

또한 클라이슬러 코퍼레이션 사장인 K.T. 케라에게 고민을 어떻게 처리하느냐고 질문했더니 그는 이렇게 대답했다.

"먼저 할 수 있는 한 최선을 다해 본다. 그래도 할 수 없는 일은 잊어 버린다. 나는 결코 미래를 걱정하지 않는다. 예측할 수 없다는 것을 잘 알기 때문이다. 물론 미래에 영향을 주는 힘들은 많이 존재한다. 그러나 무엇이 그 힘을 움직이는지 아무도 알 수 없고 예언 또한 할 수 없다. 그러니 고민해 봤자 아무 소용이 없지 않은가."

그렇다고 해서 케라를 철학자라고 부른다면 아마도 그는 당황할 것이다. 말 그대로 그는 훌륭한 실업가에 불과하다. 그는 로마 사람들에게 이렇게 가르쳤다.

☑ 행복으로 가는 길은 오직 하나밖에 없다. 우리들의 의지와 힘으로는 어쩔 수 없는 일들에 대한 고민을 멈추는 것이다.

'성스러운 사라' 라고 예찬 받았던 사라 베르나르는 불가피함에 협력하는 방법을 알고 있었다. 반세기 동안 그녀는 전 세계의 극단에서 여왕으로 군림했다.

그러나 71세 때 파산하여 알거지가 되었다. 게다가 발까지 절단하지 않으면 안 되었다. 대서양을 횡단하던 중 폭풍우를 만나 갑판에 넘어져 발을 크게 다쳤고 정맥염(靜脈炎)이 악화되어 발이 오므라들어 지독한 통증에 시달렸다. 주치의는 성질이 급하고 화를 잘

내는 사라에게 발을 잘라야 한다고 말하기를 주저했다. 그녀가 반미치광이라도 될까 우려했던 것이다.

그러나 사라는 잠깐 동안 상대방의 얼굴을 물끄러미 바라보다가 조용한 말투로 '해야 될 일이면 해야 되지요' 하고 말했다. 그녀는 수술실로 옮겨지는 도중 자신을 바라보며 우는 이들에게 힘차게 손을 흔들며 명랑하게 소리쳤다.

"아무 데도 가지 말아요, 곧 돌아올 테니까."

그것은 그녀가 언젠가 공연했던 연극의 한 장면이었고 그녀는 수술실로 향하는 도중에 그것을 재연했다. 그것이 스스로를 격려하기 위한 것이었냐는 질문에 그녀는 "아니오, 의사 선생과 간호원을 격려하기 위해서였어요. 수고가 많으니까요." 하고 대답했다.

회복된 후 그녀는 또 다시 7년 동안 온 세계를 순회하며 관객들을 사로잡았다.

'불가피한 것들과의 싸움을 포기할 때 우리의 에너지는 해방된다. 그 에너지야말로 우리에게 보다 풍성한 인생을 선사한다'고 애르시 매코밈은 〈리더스 다이제스트〉에 기고했던 평론에 쓰고 있다.

인간이란 존재는 불가피함과 싸우는 동시에 새로운 생활을 창조할 만큼의 활력을 지니고 있지 않다. 우리는 반드시 한쪽을 선택하지 않을 수 없다. 불가피함에 머리를 숙이든지 아니면 그것에 반항하다 파멸하고 마는 것이다.

나는 미주리에 있는 내 소유의 농장에서 이 사실을 경험했다.

나는 농장에 많은 수목을 심었다. 수목은 처음 얼마 동안은 줄기차게 성장했지만 마침내 진눈깨비 섞인 폭풍우가 몰아치자 눈에 덮이고 말았다. 결국 이들 수목은 눈의 무게에 머리를 숙이지 않고 교만하게 저항했기 때문에 그 가지가 꺾이고 말았다. 그리고 마침내는 처참하게 내려앉았다.

이 수목들은 북부의 삼림의 지혜를 배우지 못한 것이다. 이전에 캐나다의 상록림(常綠林)을 수백 마일 여행한 적이 있었지만 그 침엽수들과 소나무들은 단 한 그루도 얼음이나 진눈깨비에 피해를 입지 않았다. 이 상록수들은 가지를 축 내리는 법을 알고 있었기 때문이다. 유도 사범은 수련자들에게 수양버들처럼 휘게 하라, 참나무처럼 저항하지 말라고 가르친다.

어째서 자동차의 타이어가 그처럼 긴 시간 질기게 버틸 수 있는지 알고 있는가? 최초의 타이어 제조업자는 도로의 쇼크에 저항하는 타이어를 만들었다. 그러자 그 타이어는 곧 헝겊처럼 찢어지고 말았다. 그래서 이번에는 도로의 충격을 흡수하는 타이어를 만들었다. 즉, 쇼크를 잘 다루게 했던 것이다. 우리도 이같이 인생의 험한 길에서 충격을 흡수하는 법을 배운다면 행복한 여정을 즐길 수 있다.

그러나 우리가 수양버들처럼 휘어지지 않고 참나무처럼 줄곧 저항한다면 어떻게 될까? 분명 우리들은 내면의 혼란스러운 갈등과 마주치게 되어 결국은 신경 쇠약에 걸리고 말 것이다. 또한 엄격한 현실 세계를 거부하고 스스로 만든 꿈의 세계로 도피한다면 미치광이가 될 것이다.

뉴욕의 윌리엄 H. 카세리아스의 예를 들어 보자. 이것은 나의 성인 클래스에서 입상(入賞)한 실험담이다.

"나는 연안 경비대에 입대하고 얼마 안 되어 대서양 연안의 폭발물 감시병으로 배치되었다. 크래커 판매원이었던 내가 폭발물 감시병이 되다니…… 수천 톤의 강력 폭탄 위에 서 있어야 한다는 사실만으로도 간담이 서늘했다. 나는 겨우 이틀 동안 훈련을 받았을 뿐이었지만 그 작은 지식이 더더욱 큰 공포를 불러왔다.

나는 처음했던 당번을 평생 잊을 수 없다. 어둡고 춥고 안개 낀 날, 뉴저지의 게븐 포인트의 지붕 없는 부두에서 최초의 명령을 받았던 것이다. 나는 배의 제5번 선창을 담당하였다. 나는 거기서 다섯 사람의 해상 운반인과 함께 일해야 했는데 그들은 강한 체력을 가진 반면에 폭탄에 대해서는 전혀 지식이 없었다. 그리고 그들은 단 한 발로도 이 낡은 배를 날려버릴 수 있는 대형 고성능 폭탄을 등에 메고 운반하고 있었다.

대형 폭탄을 겨우 두 줄의 철사 고리로 묶다니, 만일 그 고리 중 한 개만 끊어지더라도…… 오오, 하나님 맙소사! 등줄기로 식은땀이 줄줄 흘러내리는 게 느껴질 정도였다. 그러나 도망칠 수도 없었다. 탈영병이 되면 내 체면은 물론 부모님도 면목을 잃을 뿐더러 더욱이 총살될지도 모른다.

결국 나는 도망갈 수 없었으며 부두 노동자들이 고성능 폭탄을 함부로 다루고 있는 것을 잘 살펴야 했다. 지금이라도 당장 배는 폭발할지도 모를 일이었다. 이 아슬아슬한 상황이 한 시간 남짓 계속된 끝에 나는 겨우 상식을 회복했다.

나는 자신을 타일렀다. '정신차려! 목숨을 잃을지도 모르지만 하는 수 없지. 오히려 이게 편히 죽는 방법이다. 암으로 고생하다 죽는 것보다는 훨씬 낫지 않은가. 어리석은 생각 작작해라. 인간은 누구라도 죽게 마련인데! 이 일이 아니면 총살이다. 그렇다면 일하는 편이 한결 낫지 않은가.' 나는 몇 시간 동안을 이렇게 타일렀다.

그러자 차차 마음이 가라앉았다. 나는 마침내 불가피한 현실을 받아들임으로써 고민과 공포를 이겨낼 수가 있었다. 나 같은 크래커 판매원도……."

자, 이 크래커 판매원에게 만세삼창을 해주기 바란다.

역사상 그리스도의 십자가 형(刑)을 제외한 가장 유명한 임종은 아마도 소크라테스의 죽음일 터인데, 앞으로 1만 세기가 지난 뒤에도 플라톤의 불멸의 기록을 통해 그 감격의 순간은 영원히 남을 것이다.

맨발의 늙은 소크라테스를 질투하던 몇몇의 아테네 사람들은 그에게 사형 판결을 내리도록 종용했다. 그러나 그에게 호의를 품고 있던 간수는 소크라테스에게 독배를 권하면서 이렇게 말했다.

☑ 불가피한 일은 조용히 견디십시오.

소크라테스는 그 말에 순종했고 신에 가까운 평정과 인내로써 죽음을 마주 대하였다.

"불가피한 일은 조용히 견디십시오."

이 말은 그리스도가 탄생한 399년 전에 입에 오르내리던 것이지만 오늘날처럼 괴로운 시대에도 얼마든지 가치를 발휘할 수 있다.

과거 8년 동안 나는 고민을 해결할 방법을 풀이한 책이라면 닥치는 대로 독파했다. 그리고 그 결과 나는 여러분에게 줄 수 있는 여러 가지 충고들을 마련할 수 있었다. 여기서 하나 적어 보기로 하겠다.

마음의 모든 괴로움을 씻어버리기 위해 욕실의 거울 위에 붙여 두도록 하라. 그리고 세수할 때마다 되뇌어 보라.

이 기도는 뉴욕의 유니언 신학교의 라인홀드 나이버 박사가 쓴 것이다.

주여! 나에게 평정을 주시옵소서.
바꿀 수 없는 것을 받아들이기 위해
변화시킬 수 있는 일은 변화시킬 수 있도록
용기를, 그리고 분간할 수 있는 지혜와 슬기를 주옵소서.

10

고민을 더 이상 키우지 마라

혹시 돈을 많이 벌고 싶다고 생각한 적이 있는가? 방법을 알고 싶어하는 사람은 수백만, 수천만이다. 그리고 만일 내가 그 방법을 알고 있었다면, 아마도 이 책은 한 권에 만 달러라도 팔릴 것이다.

이쯤에서 멈추고, 여기 성공한 중개인들의 좋은 아이디어가 있다. 이것은 뉴욕에 사무실을 둔 투자 상담업자 찰스 로버트로부터 들은 이야기다.

"나는 처음에 주식 시장에 투자하기 위해 친구들로부터 돈 2만 달러를 빌려 뉴욕으로 왔다. 내딴에는 주식의 요령을 잘 알고 있다고 생각했지만 얼마 안 가 돈을 몽땅 잃고 말았다. 내 돈은 그렇다 치고 친구들 돈까지 잃어 버리고 나니 면목이 없었고 얼굴 보기조차 부끄러웠다. 그러나 그들은 달랐다. 여전히 농담을 즐길 뿐만 아니라 하릴없는 낙천가처럼 구는 것이 아닌가. 나는 될 대로 되라는 심사였고, 그것도 운에 맡기거나 다른 사람들의 의견만을 따르고 있었다. 결국 H.I. 필립스가 말하고 있는 '귀로 주식 시세를 살피고' 있었던 것이다.

나는 내 잘못을 깨닫고 다시 투자하기 전에 이 방면을 더욱 깊이 연구하기로 마음먹었다. 나는 주식계에서 크게 성공한 버튼 S. 카스톨스를 찾아가 상담을 요청했다. 그의 성공은 단순한 운 덕분이 아니었고 나는 그로부터 여러 가지를 배울 수 있으리라 생각했기 때문이다. 그는 일단 내 장삿속에 대해 두세 가지의 질문을 한 뒤 주식 거래에 대한 가장 중요한 원칙을 들려 주었다.

'나는 어떠한 거래에도 스톱 로스 오더, 즉 손실정지주문(損失停止注文)을 붙여 둔다. 예를 들면, 한 주에 50달러에 매입한 것을 45달러로 매출하는 것이다. 그래서 시세가 떨어져 내가 산 주식이 5포인트 떨어지면 자동적으로 팔리게 된다. 그러므로 내 손실은 5포인트로 끝나는 것이다. 만일 당신이 맨 처음 잘만 성사시킨다면, 당신의 이익은 평균 10, 25, 또는 50포인트가 될 것이다. 그러므로 손실을 5포인트로 제한하면 반 이상의 거래를 실패해도 막대한 이윤을 남기게 되는 것이다.'

나는 곧 이 원칙을 적용했고 곧이어 짭짤한 재미를 보았다. 그 후 나는 이 손실정지주문이 주식 시장뿐만 아니라 다른 여러 가지 일에도 응용될 수 있다는 것을 알았다. 경제적인 고민 외의 다른 귀찮은 일이나 불쾌한 사건에도 같은 효력을 나타냈다.

한 친구의 일을 예로 들겠다. 나는 그와 가끔 점심을 같이 먹었는데 그는 언제나 약속 시간에 늦었다. 나는 언제나 지루하게 기다려야 했다. 그러던 어느 날 마침내 나는 그에게 나의 스톱 로스 오더를 설명하며 이렇게 말했다. '빌, 나는 자네에 대한 스톱 로스 오더를 10분으로 하네. 10분 이상 지각하면 우리들의 점심 약속은 무효일세.'"

이 이야기를 듣자니 나 역시 이전의 성급함과 변덕, 고집, 뉘우침, 그 밖의 모든 정신적·감정적 긴장에 대해 스톱 로스 오더를 발휘할 수 있었다면 얼마나 좋았을까 하는 생각이 들었다. 내 마음의 안정을 어지럽히려는 모든 사태를 똑바로 판단한 뒤 '어이, 딜 카네기, 이 정도 일에는 그만 신경쓰는 게 좋을 듯한데'라고 타이를 수 있었을 텐데 말이다.

물론 나 역시 그와 비슷한 센스를 발휘한 적이 있었다. 물론 이건 자랑이다.

당시, 장래에 대한 꿈과 계획, 그리고 오랫동안 유지해 왔던 사업이 구름처럼 흩어질 판국이었다. 말 그대로 커다란 위기가 닥친 것이다. 30대 초에 나는 소설가, 그것도 제2의 프랭크 노리스, 자크 런던, 토머스 하디 등을 목표로 삼고 있었다.

나는 무척이나 열중했고 유럽에서 2년 동안이나 지냈다. 때는 제1차 대전이 끝난 후 대 인플레 시대로, 달러만 있으면 아주 편하게 생활할 수 있었다. 그리고 그 2년 동안 〈눈보라〉라는 작품에 몰두했다. 이 표제는 내게 있어 참으로 자연스러운 것이었다.

그러나 출판업자들은 다코우터의 평원에 휘몰아치는 무서운 눈보라보다 싸늘했다. 나의 문학적 대리인으로부터 '그것은 전혀 가치가 없다. 당신에게는 재능이 없다'는 말을 들었을 때, 나는 심장이 멎을 지경이었다. 나는 멍청하게 그의 사무실을 나와 정신을 잃고 말았다. 그리고 이 인생의 갈림길에서 실로 큰 각오를 해야 한다는 것을 느꼈다. 어찌할 것인가. 어느 쪽으로 향할 것인가. 나의 자아 상실 상태는 여러 주 동안 계속 되었다. 그 당시 나는 '고민에 스톱 로스 오더를 내라'는 말을 들은 일이 없었다. 그러나 지금 그때를 돌이켜보면, 나는 그것을 몸소 행하고 있었다.

나는 소설을 쓰기 위해 고심했던 2년을 귀중한 경험으로 청산해 버린 뒤 새로운 출발을 했다. 나는 성인 클래스를 조직해 교육하는 직업을 선택했으며 현재 여러분이 보고 있는 책들을 저술했다. 그리고 지금도 그때의 내 선택을 생각하면 기뻐서 춤이라도 추고 싶은 심정이다. 그 후부터 나는 내가 제2의 토머스 하디가 되지 못한 것을 아쉬워한 적이 없다.

지금부터 1세기 전의 어느 날 밤, 한 마리의 부엉이가 웬던 폰드 호반의 숲에서 울고 있을 때 헨리 솔로는 몸소 만든 잉크에 깃촉 펜을 적셔 가며 일기장에 다음과 같은 구절을 썼다.

☑ 가치라는 것은 우리가 인생이라고 일컫는 것의 양을 말한다. 그것은 때때로 장기간에 걸쳐 교환된다.

바꿔 말하면, 어떤 물건에 우리의 근본적인 고민을 지나치게 집 착하는 것은 어리석은 행동이라는 것이다.

그러나 길버트와 설리반은 유쾌한 가사와 명랑한 음악을 만들었 지만 막상 그들 자신의 삶을 유쾌하게 하는 법은 알지 못했다. 그들 은 〈미카도〉, 〈피나포어〉, 〈페이션스〉 등 실로 아름다운 경가극(輕 歌劇)을 창조해 전 세계에 기쁨을 선사했지만 자신들의 감정을 조 절하지 못했다. 그들은 겨우 융단 한 장 값보다도 못한 일로 몇 해 동안이나 불쾌한 기분으로 지냈던 것이다.

설리반은 극장을 단장하기 위해 새 융단을 주문했다. 그러나 청 구서를 본 길버트가 길길이 날뛰는 바람에 결국은 법정까지 떠들썩 하게 만들었다. 그리고 두 사람은 죽을 때까지 서로에게 말을 걸지 않기 위해 우스꽝스러운 행동을 거듭했다. 설리반은 신작을 작곡할 때마다 그것을 직접 주는 대신 우편으로 보냈다. 그러면 길버트는 그것에 가사를 붙여 다시 설리반에게 보냈다.

한 번은 그들이 인사를 하기 위해 함께 무대에 나오지 않으면 안 될 처지가 되었다. 그러나 그들은 스테이지의 양쪽에 서서, 각자 다 른 쪽을 향해 머리를 숙임으로써 서로의 얼굴을 보지 않으려고 했 다. 그들은 스톱 로스 오더를 몰랐던 것이다.

남북전쟁 중에 링컨의 친구 몇 사람이 상대편을 비난하자 링컨은 말했다.

"자네들은 오히려 나보다도 개인적 원한이 큰 것 같네. 사실 나는 그렇지 않거든. 그건 아무 이익도 되지 않는다네. 나는 일생의 반을 논쟁에 허비할 생각이 없다네. 만일 상대가 나에 대한 공격을 멈춘다면, 나 역시 과거의 일은 잊어 버리기로 했네."

나의 숙모 에디스의 이야기를 하겠다.

숙모와 프랭크 숙부는 메마르고 잡초가 우거진 저당 잡힌 농장에서 살고 있었다. 형편이 말이 아니었기에 동전 한 푼이라도 소중히 여겨야 했다. 그런데 숙모는 커튼이나 테이블보처럼 자질구레한 물건을 사는 것을 좋아했고 그것으로 허술한 집을 꾸미려 했다. 더구나 외상까지 깔아 놓으면서 말이다. 그러나 숙부는 빚을 무서워하는 농부였고 걱정한 나머지 상점을 찾아가 아내에게 외상을 주지 말라고 몰래 부탁했다.

그 사실이 들통나자 숙모는 노발대발했다. 그리고 50년 후까지도 노여움이 계속되었다. 나는 수없이 그 이야기를 들어 왔고 맨 마지막으로 그 이야기를 들었을 때 숙모는 일흔 살이 훨씬 넘어 계셨다.

나는 숙모에게 이렇게 말했다.

"숙모님, 숙부가 숙모님 체면을 짓밟은 것은 분명히 나쁜 일입니다. 그렇지만 50년 전의 일을 아직까지도 말하고 계시다니, 결국 숙모님이 더 나쁜 분이 아닙니까?"

결국 숙모는 오랜 동안 줄곧 품어온 원한과 괴로운 추억 때문에 값비싼 대가를 치른 것이다.

이어지는 이야기의 주인공은 벤자민 프랭클린이다.

그는 일곱 살 때 호루라기를 몹시 좋아했다. 어느 날 그는 완구점을 찾아갔다. 그리고는 값도 묻지 않고 카운터 위에 동전을 몽땅 내놓은 뒤 호루라기를 달라고 했다. 그는 70년 후 친구에게 보내는 편지에서 그때 일을 이렇게 썼다.

"그것을 가지고 집에 돌아온 뒤 너무 기뻐서 그것을 불며 온 집안을 돌아다녔다."

그러나 그의 형과 누나들은 호루라기를 너무 비싸게 샀다는 사실을 알고 그를 놀려댔다. 그래서 그는 분해서 울고 말았다고 한다.

훗날 세계적인 인물로 프랑스 대사가 되었을 때 그는 그 일을 그때까지 기억한 채 '호루라기를 얻은 기쁨보다 분한 마음이 더 컸다'고 말했다. 그러나 프랭클린은 대가 치고는 싼 편으로 그 경험을 끝냈다. 그는 이어서 말하고 있다.

"사회에 나와 세상 사람들의 행동을 관찰하게 되자 아주 많은 사람들이 나처럼 호루라기 값을 과하게 치른다는 사실을 알게 되었다. 결국 인간이 느끼는 불행의 대부분은 그들이 사물을 제대로 평가하지 못하는 것, 즉 호루라기 값을 제대로 가늠하지 못하기 때문에 생기는 것이다."

길버트와 설리반도 그들의 호루라기 값을 너무 많이 치렀다. 에디슨 숙모 또한 그렇다. 딜 카네기 또한 그렇다. 세계 최대의 걸작에 속하는 〈전쟁과 평화〉, 〈안나 카레리나〉의 작가인 불멸의 문호 레오 톨스토이 역시 그렇다. 〈대영백과사전〉에 의하면 톨스토이는 그의 생애 가운데 최후 20년은 온 세계에서 가장 존경받는 사람이었다. 그 20년(1890~1910년까지)간 무수한 숭배자들이 그의 얼굴을 한 번이라도 보기 위해, 그의 음성을 듣기 위해, 또는 입고 있는 옷자락만이라도 만지기 위해 그의 저택으로 순례했다. 그의 말이 마치 '신의 계시'인 것처럼 말이다. 그러나 사생활에 있어서는 톨스토이는 70살이 되도록 프랭클린이 일곱 살 때 정도의 분별력도 가지지 못했다. 그는 완전히 상식을 벗어났다.

톨스토이는 열렬하게 사랑하던 한 소녀와 결혼했고, 행복한 나날을 보냈다. 그리고 이 천국과 같은 생활이 언제까지나 계속되도록 하나님께 기도 드렸다. 그러나 톨스토이의 부인은 선천적으로 질투가 심했다. 그녀는 농가의 여인처럼 누추하게 꾸미고 산 속까지 뒤쫓아가서 남편의 행동을 감시하곤 했다. 때문에 그들은 때때로 심하게 말다툼을 했다. 그녀의 질투는 마침내 극심해져 자식에게까지 미쳤다. 심지어는 딸아이의 사진을 소총으로 쏘아대기까지 했다. 어느 날은 아편이 든 병을 입에 물고 마룻바닥을 구르면서 자살하겠다고 으름장을 놓기도 했다. 그 동안 아이들은 방구석에 쥐죽은 듯 움츠린 채 공포에 떨었다.

그렇다면 톨스토이는 어떻게 했을까? 나는 그가 흥분한 나머지

가구를 망가뜨리거나 물리적 폭력을 행사했다 하더라도 그를 비난하지 않겠다. 그럴 만한 충분한 이유가 있지 않은가. 그러나 그는 그보다 훨씬 지독한 복수를 했다.

그는 언제부턴가 비밀 일기를 쓰기 시작했다. 물론 그 내용은 아내가 나쁘다는 이야기 일색이었다. 그것이 그의 호루라기였던 셈이다. 한 마디로 그는, 다음 세대가 자신을 동정하는 동시에 자신의 아내를 비난하도록 만들었던 것이다. 이에 대해 그의 아내는 어떻게 했을까?

그녀는 남편의 일기를 찢은 뒤 불태워 버렸다. 그리고 자기도 일기를 쓰기 시작했다. 그녀의 일기 속에서 톨스토이는 언제나 악한 사람이었다. 그녀는 〈누구의 죄〉라는 제목으로 소설을 써서 그 속에서 남편을 가정의 악마로, 자신을 희생자로 삼았다.

그들은 도대체 무엇 때문에 그런 일을 했을까? 왜 이 두 사람은 그들의 유일한 가정을 톨스토이가 말하는 '정신 병원'으로 만들었을까? 분명히 거기에는 몇 가지의 이유가 있었다. 그 하나는 타인에게 인정받고자 하는 강한 욕망이었다. 그들은 다음 세대의 비판에 관심을 두고 있었던 것이다. 우리들이 저승에서 타인의 비행에 욕을 퍼부을 수 있을까? 아니, 어림도 없다. 우리들은 톨스토이에 대해 생각할 겨를이 없다. 자신의 일도 벅찰 테니까.

결국 딱한 이 두 사람은 50년간에 걸친 생활을 '호루라기' 값으로 지불한 셈이다.

11

엎질러진 물은 주워담을 수 없다

이 구절을 쓰면서 나는 창 너머 뜰에 있는 1천8백만 년 전의 공룡 발자국을 바라본다. 이것은 혈암(頁巖)이나 돌 속에 묻혀 있는 것으로, 예일 대학의 박물관에서 산 것이다. 문득 이것이 '진짜냐 가짜냐' 하는 생각이 들지 않는가? 그러나 아무리 바보도 이 따위 발자국을 위조하기 위해 1천 8백만 년의 옛날로 소급하려고 들지는 않을 것이다.

그러나 우리들의 고민에 비하면 그쪽이 훨씬 더 현명한 꼴이 된다. 우리는 겨우 180초 전의 일조차도 뒷걸음쳐 바꾸지 못하니 말이다. 그러나 많은 이들이 그런 식으로 행동을 하고 있다.

과거를 건설적인 것으로 만드는 방법은 오직 하나다. 과거의 잘못을 조용히 분석해서 현재에 대입시키는 것이다. 그리고 과오는 잊어 버리면 그만이다. 나는 이 사실을 알면서도 이것을 실행할 만큼의 용기와 너그러움을 가지지 못했었다. 수년 전에 내가 경험한 기이한 사건 하나를 이야기하기로 한다.

당시에 나는 30만 달러의 돈을 몽땅 날렸는데, 그 경위는 이랬다. 나는 한때 대규모의 성인 교육 사업을 시작해서 각 도시에 분교를 짓고 광고와 잡지에 아낌없이 돈을 썼다. 나는 학생을 가르치느라 분주했기 때문에 재정은 신경 쓸 겨를이 없었다. 게다가 순진하고 고지식해서 돈을 관리하는 영업 지배인이 필요하다는 사실을 몰랐다. 결국 약 1년 후 나는 뜻밖의 실태에 놀랐다. 그 동안의 막대한 수입에도 불구하고 어찌된 셈인지 이익은 한 푼도 없었던 것이다.

나에게는 단지 두 가지 길만 남았다. 하나는 흑인계 과학자 조지 워싱턴 카보아처럼 하는 것이었다. 그는 자신의 전 재산을 맡긴 은행이 파산했다는 소식을 들었느냐고 묻자, '들었습니다'라고 대답하고는 수업을 계속 진행했다. 그 이후로도 잃어버린 돈에 대한 미련을 마음속에 감추고 두 번 다시 그 일을 입에 올리지 않았다. 또 하나의 방법은 과오를 분석해 잊을 수 없는 교훈을 얻는 것이었다.

그런데 정직하게 고백하지만 나는 어느 쪽도 실행하지 않았다. 나는 고민의 소용돌이 속에 휩싸여 몇 달 동안 허탈감에 빠지고 말았다. 수면 부족에 걸렸고 체중도 줄었다. 또 교훈을 얻기는커녕 똑같은 오류를 범했다. 이 우둔한 행위를 고백한다는 것이 부끄럽지만 오래 전 유익한 일을 스무 사람에게 가르치는 것보다 그 스무 사람 가운데 한 사람이 되어 나 자신이 가르친 것을 몸소 실천하는 편이 어렵다는 것을 깨달았으므로, 독자들이 이해해 주길 바란다.

나는 지금도 뉴욕의 알렌 산더스가 사사(師事)한 조지 워싱턴 고등학교의 폴 브랜드와인 박사의 강의를 듣지 못한 것을 실로 유감으로 생각하고 있다. 산더스는 그의 위생학 클래스의 선생이었던 폴 브랜드와인 박사가 남긴 귀중한 교훈을 이야기해 주었다.

"나는 당시 십대였지만 선천적으로 소심했다. 조그마한 실수에도 어찌할 줄 모르며 안절부절못했다. 시험 답안을 제출한 뒤에는 낙제하지나 않을까 잠도 못잤다. 그뿐 아니라 일을 하고 나서도 그 일을 후회했고, 말을 해놓고도 그것이 잘못이었다고 뉘우치곤 했다.

그러던 어느 날 아침, 과학 실험실에 출석했는데 폴 브랜드와인 박사가 잘 보이는 책상 끝에 우유 병을 놓고 앉아 있었다. 우리들은 그 우유를 바라보며 그것이 위생학과 무슨 관계가 있을까를 의아하게 여겼다. 그때 갑자기 그가 일어나 우유 병을 쓰레기통에 던지며 큰소리로 말했다. 엎질러진 우유는 후회해도 아무 소용이 없다! 그리고는 우리를 휴지통이 있는 곳으로 불러 깨진 병을 보여 주었다.

'잘들 보게나. 나는 여러분이 평생 동안 이 교훈을 기억해 주기 바란다. 우유는 이미 엎질러져 하수도로 흘러가고 말았다. 여러분들이 아무리 떠들고 후회하여 본들 한 방울도 되찾을 수가 없다. 조금이라도 주의를 하고 조심했더라면 우유는 엎질러지지 않았을지도 모른다. 그러나 이미 때는 늦었다. 우리들이 할 수 있는 일이라고는 이 일을 말끔히 잊어 버리고 다음 일로 옮겨가는 것뿐이다.'

이 작은 실습은 입체 기하학이나 라틴어를 잊어 버리고 난 뒤에도 내 머릿속에서 사라지지 않았다. 실제로 4년간의 고교 생활에서 그 누구도 이 이상 실용적인 생활 방법을 가르쳐 주지 못했다. 그것은 나에게 우유를 엎지르지 않도록 주의할 것, 만일 엎지른 뒤에는 그것(그 사실)을 완전히 잊어 버릴 것을 가르쳐 준 것이다."

독자들 중에는 엎질러진 우유는 후회해도 아무 소용없다라는 이 진부한 격언에 코웃음칠지도 모른다. 나 역시 그것이 낡아빠진 넌센스라는 것을 알고 있다. 귀가 따가울 정도로 들었으니 말이다.

그러나 나는 이 평범한 격언이야말로 모든 시대의 지혜의 에센스를 포함한다고 생각한다. 이것들은 인류의 뜨거운 경험에서 비롯되어 무수한 세대를 건너왔다. 만일 당신이 모든 시대의 위대한 학자가 쓴 모든 저서를 독파했다 해도, '다리에 올 때까지 다리를 건너지 말라' 든가 '엎질러진 우유는 후회해도 소용없다' 라는 이 진부한 격언들 이상으로 의미심장한 말은 발견할 수 없을 것이다.

실제로 옛 격언의 대부분을 우리 생활에 적용한다면 우리는 거의 완전한 인생을 보낼 수 있을 것이다. 그러나 지식은 실천됨으로써 비로소 힘이 된다. 그리고 이 책의 목적은 여러분에게 새로운 것을 가르치자는 것이 아니다. 단지 여러분이 이미 알고 있는 사실을 일깨워서 그것을 실생활에 적용하도록 고무 격려하는 데 있다.

나는 언제나 프레드 풀라 세트와 같은 인물을 존경했다. 그는 낡은 진리를 새롭고 싱싱한 형식으로 설명하는 데 특수한 재능을 가지고 있다. 그는 〈필라델피아 브레딘〉의 주간이었는데, 어느 대학의 졸업반 학생에게 강연을 하다가, '여러분 가운데 톱질을 해본 사람이 있는가? 있다면 손을 들어 보라' 말했다. 대부분의 학생이 손을 들었다. 그는 또다시 물었다. '톱밥을 켜본 사람은 없는가?' 누구도 손을 들지 않았다.

"물론 톱밥을 톱으로 자른다는 것은 불가능하지."

세트는 이렇게 설명했다.

"이미 톱으로 켜져 있으니 말이야. 이것은 과거와 마찬가지다. 지나간 일을 가지고 마음을 괴롭히는 것은 톱밥을 톱으로 켜려고 하는 것과 마찬가지 일이 아니겠는가."

나는 81세가 된 야구계의 대 원로 코니 마크에게 시합에 져서 고민한 적은 없었느냐고 물었다. 그러자 그가 대답했다.

"물론, 가끔 고민한 적이 있지요. 허나 그런 바보 같은 짓은 까마득한 옛날 이야기요. 고민을 해도 아무 소용이 없다는 것을 알았기 때문이오."

나는 지난해 감사절 때 잭 뎀프시와 저녁을 같이 했는데, 그는 그 란베리 소스를 친 칠면조 요리를 먹으면서 데니에게 패해 중량급 선수권을 빼앗긴 이야기를 했다. 그것은 그에게 커다란 충격이었음이 분명했다.

"한창 시합을 하는데 문득 내가 많이 늙었다는 생각이 들지 않겠나. 물론 10회전이 끝났을 때까지 서 있었지만, 그것은 그냥 건성으로 서 있었던 걸세. 얼굴은 찢어져서 상처투성이였고 눈은 너무 부어서 거의 뜰 수가 없었지. 나는 레퍼리가 데니의 손을 들어 승리를 선언하고 있는 것을 보았네. 나는 더이상 세계 챔피언이 아니었고 군중을 헤치고 탈의실로 돌아왔지. 내가 지나갈 때 몇 사람이 내 손을 잡으려고 했다네. 눈물이 글썽한 사람도 있었지.

1년 후, 나는 다시 데니와 싸웠지만 또 실패하고 말았어. 나는 영원히 재기불능이 되고 만 걸세. 그러나 나는 이렇게 자신을 타일렀네. 과거에서 생활해서는 안 된다. 엎질러진 우유를 후회해서 무엇 하겠는가? 나는 이 고난을 버틸 것이다. 이대로 쓰러지지 않는다.”

잭 뎀프시는 용케도 절망에서 벗어났다. 그렇다고 끊임없이 과거의 일을 고민하지 않겠다라고 타이른 것도 아니다. 오히려 과거의 일을 생각하도록 만드는 주문일 수도 있었다. 그는 자기의 패배를 받아들인 뒤 그것을 망각해 버렸고 장래 계획에 모든 정신을 집중했다. 그는 끊임없이 건설적인 사업에 몰두하고 과거에 대해서 고민할 시간적 여유가 없도록 했다. ‘나는 최근 10년간, 선수권 보유자였던 시절 이상으로 즐거운 생활을 보내고 있다’고 그는 말했다.

뎀프시는 책을 그다지 많이 읽지 않았지만 자신도 모르는 사이에 현명한 사람은 자신의 손실을 헛되이 한탄하지는 않는다. 그들은 오히려 힘차게 그 손해를 배제하는 방법을 탐구한다는 셰익스피어의 충고를 실행하고 있었던 것이다. 나는 역사나 전기를 읽으며 비탄에 잠긴 사람들을 관찰할 때마다 그들이 자신의 고민과 비극을 씻고 새롭고 행복한 생활로 나아가는 것에 감명을 금치 못한다.

전에 어떤 형무소를 방문한 적이 있는데 나는 그곳의 죄수들이 사회의 일반 사람들처럼 행복해 보이는 것에 매우 놀랐다. 나는 그 소감을 소장인 루이스 E. 로스에게 이야기했다. 그러자 그는 이런 얘기를 했다. 모두들 처음 올 때는 세상을 저주하고 남을 원망하지만 몇 달이 지나 분별력이 생기면 불행을 물리치고 침착해져서 조용히 형무소 생활을 받아들이고 될 수 있는 대로 유쾌하게 지낸다는 것이다. 정원사였던 어떤 죄수는 구내에서 매일 야채와 꽃을 가꾸면서 노래를 부른다고 했다. 이처럼 꽃을 가꾸면서 노래를 불렀던 그 죄수는 우리보다도 훨씬 분별 있는 사람이었다.

'움직이는 손'은 기록하며
기록하고 나서는 옮겨간다
너의 신앙도 지혜도
그의 행동의 반도 지울 수 없고
또 너의 모든 '눈물'도
그 '한 마디 말' 마저 지울 수는 없을 것이다.

눈물을 헛되이 흘리지 말라는 것이다. 물론 우리들은 언제나 여러 가지 실책과 어리석은 행동을 하고 있다. 그러나 그것은 누구든지 마찬가지다.

고민이 습관화되기 전에 물리치는 법

1. 분주하게 움직임으로써 마음속의 고민을 밀어내라.

활발한 행동이야말로 '어리둥절한' 병을 치료하기에 좋은 방법이다.

2. 사소한 일로 크게 떠들지 말고 자신의 행복을 헛되게 하지 말라.

3. 고민을 몰아내기 위해 평균율의 법칙을 써라.

이 일이 일어날 가능성은 몇 할인가 자문하라.

4. 불가피한 것과 협력하라.

아무래도 그 사태를 변경, 개선할 수 없다는 것을 알았다면 '그쯤이면 됐다, 이제 어떻게 할 수 없다' 고 자신을 타일러라.

5. 고민에 '스톱 로스' 주문을 달라.

적당한 고민의 한도를 정해 그 이상 고민하는 것을 거부하라.

6. 과거사는 과거로 묻어 버려라.

톱밥을 켜려고 하지 마라.

12

생활을 바꾸는 몇 마디의 말

몇 년 전, 나는 〈지금까지 당신이 배운 최대의 교훈은 무엇인가?〉라는 라디오 프로그램에 출연했다.

대답은 간단했다. 내가 배운 가장 귀중한 교훈은 생각하는 일에 대한 중요성이다. 당신이 무엇을 생각하느냐에 따라 당신의 인품이 결정된다. 생각이 사람을 만드는 것이다. 정신 상태는 그 사람의 운명을 결정하는 요소다. 에머슨은 그가 하루 종일 생각하고 있는 것 그 자체가 그 사람이다라고 말했고 그것은 사실이다.

우리가 다루어야 할 가장 큰 문제는 바른 생각을 하는 데 있다. 만일 그것에 성공한다면 문제를 해결할 길이 열리게 될 것이다. 로마 제국을 통치한 위대한 철학자 마루커스 아우렐리우스는 이 방법을 몇 마디로 요약하고 있다.

☑ 우리의 인생은 우리의 사고에 의해 만들어진다.

그렇다. 즐거운 생각을 하면 즐겁다. 또 불행한 생각을 하면 불행하게 될 것이다. 무서운 생각을 하면 무서워지고 병적인 생각을 하면 병에 걸린다. 실패를 생각하면 성공을 거머쥐지 못한다. 자기연민에 빠지면 사람들은 멀어진다.

노먼 빈센트 피일은 이렇게 말했다.

☑ 인간은 자기가 생각하는 자기가 아니며,
생각 그 자체가 그 인간이다.

그렇다면 내가 너무 낙천적인가? 아니다. 불행하게도 인생은 그리 단순하지만은 않다. 그러나 나는 적극적으로 생활하라고 말하고 싶은 것이다. 다시 말해, 문제에 유의하되 고민해서는 안 된다는 것이다. 유의하는 것과 고민한다는 것은 어떻게 다른가? 이제 그것을 설명하기로 하자.

나는 교통이 복잡한 뉴욕의 길을 횡단할 때 언제나 조심한다. 그러나 걱정은 하지 않는다. 조심을 한다는 것은 문제의 본질을 파악해 조용히 그것을 처리하는 일이다.

인간은 자신의 중대한 문제에 대해 언제나 조심한다. 그런데도 가슴에는 카네이션을 달고 태연하게 거리를 활보한다. 나는 로웰 토머스에게서 그런 모습을 보았다. 나는 그가 제1차 대전의 알랜비 로렌스 작전의 유명한 필름을 처음으로 공개했을 때 그와 친분을 쌓았다. 그와 그의 조수들은 각 방면의 전선에서 많은 전쟁 영화를 제작했는데 T.E. 로렌스와 아랍군의 활약 및 알랜비 군의 성지 탈환에 대한 두 영화는 특히 훌륭했다. '팔레스타인에서는 알랜비와, 아랍에서는 로렌스와 함께'라는 주제로 한 그의 강연은 런던은 물론 전 세계에 센세이션을 불러 일으켰다. 그의 모험에 찬 이야기와 영화 상영을 연장하기 위해 런던의 오페라 시즌은 6주간이나 연기될 정도다.

그는 런던에서 놀라운 성공을 거둔 뒤 세계 각국을 순회하며 호평을 받았다. 그 이후 그는 인도와 아프가니스탄의 생활을 기록 영화로 촬영하기 시작했는데 이때 믿기 어려울 만큼 커다란 불행이 닥쳤다. 런던에서 파산한 것이다.

나는 그 당시 그와 함께 있었는데 우리는 라이언스의 하우스 레스토랑에서 싸구려 음식을 먹으며 하루하루를 견디고 있었다. 그나마도 유명한 화가인 제임스 막베이로부터 돈을 꿀 수 없었더라면 그 싸구려 음식조차 먹지 못했을 것이다.

여기서부터 중요한 이야기가 시작된다. 로웰 토머스씨는 막대한 부채와 심각한 실의에도 불구하고 고심은 하되 고민하지는 않았다. 그는 이 역경에 좌절한다면 채권자뿐 아니라 일반 사람들에게도 완전히 무가치한 인간으로 치부되어 버린다는 것을 잘 알고 있었다.

그는 매일 아침 집을 나서기 전에 꽃을 사서 가슴에 꽂고 가벼운 발걸음으로 태연히 옥스퍼드 거리를 활보했다.

그는 적극적이고 용감한 자세로 패배에 항복하는 것을 거부했다. 그에게서 진다는 것은 게임의 일부에 지나지 않았다. 결국 그에게 이 시련은 정상을 노리는 사람에게 필요한 훈련에 불과한 것이었다.

우리의 정신은 육체에 대해 거의 믿을 수 없을 만큼 커다란 영향을 끼친다. 유명한 영국의 정신병 학자 J.A. 하드필드는 '힘의 심리' 라는 저서에서 그 사실을 설명하고 있다.

"나는 악력계(握力計)를 사용해, 정신 암시가 완력에 미치는 영향을 세 사람의 남자에게 실험해 보았다."

그는 먼저 그들에게 악력계를 힘껏 쥐게 했고 그 행동을 각각 다른 세 가지의 조건하에서 반복해 실행했다. 평상시의 그들의 평균 악력은 1백 파운드였다. 다음에는 최면을 걸어 '당신은 참으로 약하다' 라고 암시를 준 후 재어 보았더니 겨우 29파운드로 보통 힘의 3분의 1 이하였다. 다음에는 '당신은 강하다' 는 암시를 준 후 재어 보았다. 평균 악력은 약 142파운드에 달했다. 그들의 마음이 강하다는 적극적인 관념으로 충만하자 체력이 무려 5백 퍼센트나 증가했던 것이다. 이것이야말로 믿기 어려운 인간의 정신력이었다.

여기서 사상의 마력을 설명하기 위해 미국 역사상 가장 놀라운 이야기 한 토막을 소개하기로 한다. 이 이야기는 책 한 권으로도 쓸 수 있을 만큼 대단한 것이지만 일단 여기서는 간단하게 말하고자 한다.

남북 전쟁이 끝난 지 얼마 되지 않은 쌀쌀한 10월의 어느 날 저녁 이었다. 집 없는 가난한 한 여인이 매사추세츠 주 암즈베리에 살고 있는 퇴역 해군 대령 웹스터의 문을 두드렸다. 문을 열어준 웹스터 의 부인은 피골이 상접한 가련한 여인을 보았다. 자기 이름을 그로 우버라고 말한 여자는 밤낮으로 자기를 괴롭히고 있는 문제를 해결 하고자 가정을 찾고 있다고 말했다

"그러면 우리 집에 계세요. 어차피 나 혼자 이렇게 큰 집에 살고 있으니 말이에요."

웹스터 부인은 말했다.

그렇게 해서 그로우버는 웹스터 부인과 함께 살게 되었다. 그러 던 차에 뉴욕에서 웹스터 부인의 사위인 빌 엘리스가 휴가를 맞아 찾아왔다. 그는 그로우버를 보자마자 '이 집에 떠돌이를 둘 수 없 다' 라고 외쳤고 결국은 이 집 없는 여인을 쫓아내 버렸다. 그날은 비가 내리고 있었다. 그녀는 비를 맞으며 얼마 동안 떨고 있다가 비 를 피할 수 있는 장소를 찾아서 정처 없이 떠나 버렸다.

그런데 여기에 이 이야기의 큰 곡절이 있다. 그 떠돌이 여인, 빌 엘리스가 문 밖으로 쫓아낸 이 여자가 훗날 이 세계의 사상에 실로 큰 영향을 미치게 될 운명을 지니고 있었던 것이다. 그녀는 크리스 찬 사이언스의 창시자 메리 베이카 애디로서 수백만 신도의 숭배를

받고 있었다. 그러나 이때까지 그녀의 인생은 질병, 비애, 비극으로 가득 차 있었다.

그녀의 첫 남편은 결혼 후 얼마 안 되어서 죽었다. 두 번째 남편은 그녀를 버리고 유부녀와 놀아나더니만 역시 빈민굴에서 숨을 거두었다. 아들이 하나 있었지만 가난, 질병, 질투 때문에 그 아이 역시 네 살 때 버리지 않을 수가 없었다. 그녀는 그때부터 아들의 소식을 알지 못했다. 그리고 31년 후에야 재회했다.

그녀는 워낙 병약한 체질이었으므로 오래 전부터 '정신요법의 과학'에 흥미를 가지고 있었다. 그녀 생애의 극적인 전기는 매사추세츠 주의 린에서 일어났다.

어느 추운 날 아침, 도시의 뒷골목을 걷던 그녀는 얼어붙은 길 위에서 미끄러져 의식을 잃었다. 그리고 그 때문에 척추를 몹시 다쳐 발작으로 경련을 일으켰다. 그녀를 치료한 의사는 그녀가 소생하기 어려울 것이라고 예상했다.

죽음의 자리와 같은 침대에 누운 메리 베이카 애디는 성경을 펴 들고 성스러운 손의 인도를 받아 마태 복음의 1절을 읽었다

"그때 중풍으로 자리에 누워 있는 반신불수를 사람들이 메고 왔도다. 예수께서 그 자에게 말씀하시기를, 아들아! 안심하라, 너의 죄 용서받은지라. 어서 일어서서 자리를 치우고 집에 돌아가라 하시니 일어서서 그 집으로 돌아가더라."

이 그리스도의 말씀은 그녀의 정신과 육체에 큰 힘과 위대한 신

앙, 회복력을 불러 있으켰다. 실로 '곧 침대를 떠나서 걸을 수 있었다'고 그녀는 말하고 있다.

애디는 또 이렇게 말했다.

"그 경험은 희망적인 생각이 자신을 건강하게 만들 뿐 아니라 다른 사람도 건강하게 만든다는 것을 깨달은 기회였다. 문제는 모두 마음에 달려있으며 모든 결과는 정신적 현상이라는 확증을 얻었던 것이다."

이렇게 해서 메리 메이카 애디는 신종교의 창시자가 되었고 이어 사제장(司祭長)이 되었다. 그녀가 창시한 크리스찬 사이언스는 유일하게 여성에 의해서 창시된 신교로 전 세계에 널리 퍼지고 있다.

행여 여러분은 '이 사람이 크리스찬 사이언스의 선전을 하고 있구나' 하고 생각할지 모르지만 결코 그렇지는 않다. 밝혀두지만 나는 크리스찬 사이언스 신자가 아니다.

그러나 해를 거듭함에 따라 나는 생각이 가진 힘을 확신하게 되었다. 35년 동안 성인 클래스를 가르쳐 온 결과 여러 사람들이 자신의 생활을 바꾸면서 고민과 공포, 그 밖의 모든 종류의 질병을 몰아내고 변화할 수 있다는 사실을 깨달았다.

여기에 내 클래스의 학생에게서 일어난 실례가 있다. 당시 그는 심한 신경 쇠약으로 괴로워했다.

"나는 모든 것에 대해 고민했다. 너무 말랐다든가, 자꾸 머리털이 빠진다든가, 결혼 자금을 모을 수 없다든가, 좋은 아버지가 될 수 있을 것인가, 실연은 하지 않을 것인가, 착실한 생활을 하고 있는가 등등 무엇이든지 마음에 걸렸다. 또한 다른 사람에게 나쁘게 인식되어 있지는 않은가 고민했고 어느 때는 위암에 걸렸다고 생각해 스스로를 괴롭혔다. 일도 손에 잡히지 않아 그만두었다. 나는 긴장으로 가득 찬, 안전판이 없는 보일러처럼 되고 말았다. 그리고 점점 압력이 증가되어 금방이라도 폭발될 것 같더니 어느 날 드디어 폭발했다.

만약 당신이 심한 신경 쇠약증에 걸려 본 적이 없다면 앞으로도 결코 이 병에 걸리지 않도록 노력하라. 어떤 끔찍한 육체의 고통도 고민에 사로잡힌 마음의 고통에 비하면 문제가 안 될 만큼 정신적 고통은 모든 것을 파괴시킨다. 나는 신경 쇠약이 너무 심해져 더 이상 가족과도 이야기할 수 없었다. 이어서 생각을 조절할 수 없게 되었고 언제나 공포에 시달렸다. 공연히 조그마한 소리에도 깜짝 놀라 일어났고 사람을 피했다. 아무런 이유 없이 울부짖는 일도 있었다.

그러다가 어느 날, 나는 플로리다로 여행을 가기로 결심했다. 환경이 달라지면 마음도 달라질지 모른다는 생각 때문이었다. 기차에 올랐을 때 갑자기 아버지가 한 통의 편지를 건네주시면서 플로리다에 도착할 때까지는 뜯어보지 말라고 하셨다. 나는 관광 시즌의 절정기에 플로리다에 도착했다. 호텔이 만원이었기 때문에 어느 대학의 침실을 빌렸다. 나는 마이애미를 출발하는 부정기 항로 화물선의 일자리를 구했지만 뜻을 이루지 못했다. 그래서 이곳 해안에서

소일했다. 그러나 고향에 있을 때보다 조금도 나을 것이 없었다.

어느 날 나는 봉투를 뜯어 아버지의 편지를 읽었다. '아들아, 비록 집에서 1천5백 마일이나 떨어져 있지만 별로 변한 것이 없겠지. 나는 그것을 짐작할 수 있단다. 아직도 너는 네 고민의 씨앗을 몸에 지니고 있기 때문이다. 그 씨앗은 바로 너 자신이다. 내가 보기에 네 몸과 마음은 별 이상이 없다. 네가 당면한 사태가 너를 괴롭히는 것이 아니라 이 사태에 대한 생각이 너를 해쳤던 것이다. 사람은 스스로의 마음속으로 생각한 것이 자신과 같으니라. 그것을 깨달으면 돌아오너라. 네 병이 나을 것이다.'

처음에는 화가 치밀었다. 나는 교훈이 아니라 동정을 바라고 있었다. 나는 몹시 흥분해 두 번 다시 집으로는 돌아가지 않으리라 결심했다.

그날 밤, 마이애미의 어느 골목을 걷고 있던 중 마침 한 교회에서 예배가 진행되고 있었다. 별로 갈 곳도 없어 나는 그곳으로 발길을 돌렸다. 그리고 '마음을 이겨낼 수 있는 사람은 한 고을을 지배하는 사람보다 강하다'는 성경 말씀에 대한 설교를 들을 수 있었다. 하느님 자리에 앉아서 아버지의 편지글과 같은 내용을 되풀이해 듣고 있자니 마음속의 쓰레기와 먼지가 씻겨나가는 듯했다. 나는 난생 처음으로 사물을 분명히 생각할 수 있게 되었고 내가 어리석었다는 것을 깨달았다. 그리고 참다운 광명에 비친 내 모습을 보고 깜짝 놀랐다. 나는 지금까지 나를 둘러싼 세계와 사람들을 바꾸고 싶다고 생각했지만 실상 바꿔야 하는 것은 내 마음속 카메라의 초점이었던 것이다.

이튿날 아침, 나는 짐을 꾸려 고향으로 향했다. 그리고 일주일 후 전에 일하던 곳으로 돌아갔고 4개월 후에는 실연으로 끝나지나 않을까 걱정했던 소녀와 결혼했다. 우리는 현재 다섯 명의 자녀와 함께 행복하게 살고 있다. 물질적으로나 정신적으로도 하나님의 은혜를 입고 있다. 신경 쇠약으로 고민하고 있던 시절, 나는 열여덟 명의 부하를 가진 자그마한 백화점의 야경 주임이었지만 현재는 4백 50명의 종업원을 거느린 합지 제조 공장의 이사를 역임하고 있다. 이제 생활은 순조롭고 대인 관계도 원만하다. 나는 지금 인생의 참다운 가치를 만끽하고 있다. 때때로 불안에 사로잡히면(이것은 누구도 피할 수 없는 일이다), 나는 마음속의 카메라 초점을 잘 맞추라고 스스로를 타이른다.

돌이켜보면 그때 내가 신경 쇠약에 걸렸던 것은 다행스런 일이었다. 생각이라는 것이 마음과 육체에 어떤 영향을 미치는가를 분명히 알 수 있었기 때문이다. 오늘날 나는 전처럼 조급해지지 않고 보다 유익한 방향으로 생각할 수 있게 되었다. 일찍이 아버지의 말씀, 내 모든 고민의 원인이 외부가 아닌 나의 내면에, 나의 사고 방식에 있었다는 그 말씀이 전적으로 옳았다."

생활에서 얻은 마음의 평화와 기쁨은 사회적 위치나 물질적인 조건, 또는 나 아닌 타인에 의해 좌우되지 않는다. 그것은 오로지 우리들의 정신 태도 여하에 달려 있다.

예를 들어, 하파즈 헤리에서 합중국 병기고를 습격하여 노예에게 반란을 교사했다는 혐의로 교수형에 처해진 존 브라운의 경우가 그 예이다. 그는 관 위에 실려 처형대로 이송되었는데 옆에 따르던 간수가 오히려 안절부절못한 반면 브라운은 냉정했다. 그는 버지니아의 브루 릿지의 연산(連山)을 바라보면서 어찌 이렇게 아름다울 수 있는가! 지금까지 천천히 구경할 기회가 없었던 것이 유감이다라고 감탄했다고 한다.

남극을 최초로 탐험한 로버트 팰콘 스코트와 그의 대원들도 마찬가지다. 그들의 귀로 여행은 유사 이래 처음이라고 할 수 있을 만큼 괴로웠다. 식량과 연료도 떨어져 한 걸음도 움직일 수 없게 되었다. 무서운 눈보라는 이틀 밤낮으로 불어댔고 극지(極止)의 빙판 위에는 융기와 균열이 생겼다. 스코트와 대원들은 자신들이 죽음에 직면하고 있음을 깨달았다.

그들은 만일의 경우에 대비해서 상당량의 아편을 가지고 있었다. 그것을 먹기만 하면 두 번 다시 눈을 뜨지 않는 안락한 꿈속으로 들어갈 수가 있기 때문이다. 그러나 그들은 그것을 쓰려 하지 않았다. 그들은 명랑한 노래를 큰소리로 부르면서 죽어갔다. 우리들은 이 사실을 8개월 후 수색조가 그들의 동사체에서 발견한 유서를 통해 알았다.

그렇다. 만일 우리들이 용기와 평정과 창조적 사고만 지니고 있

다면 자신의 관에 걸터앉아서 교수대로 끌려가는 도중에도 경치를
즐길 수 있고, 굶주림과 추위로 곧 죽게 되어도 유쾌한 노래로 텐트
를 가득 채울 수 있는 것이다.

눈이 먼 밀턴은 이미 3백 년 전에 이러한 진리를 발견했다.

☑ 마음은 그 자신의 터전이니라,
그 안에 지옥도 천국도 만들 수 있다.

나폴레옹이나 헬렌 켈러도 밀턴의 이 말을 실증하고 있다. 나폴
레옹은 무릇 인간이 열망하는 명예와 권력, 부귀를 누렸으나 세인
트 헬레나에서 나의 일생에 행복했던 날은 단 엿새에 불과하다고
단언하고 있다.

내가 반세기의 생애에서 무엇인가 배운 것이 있다면 그것은 인간
에게 행복을 주는 것은 그 자신밖에는 없다라는 것이다.

나는 지금 에머슨이 그의 '자신'이라는 제목을 붙인 논문에서 말
한 것을 되풀이하고 있는 것에 불과하다. 즉, "정치적 승리, 땅값
인상, 병자의 회복, 장기간 떠나 있던 친구의 귀환, 그 밖의 외부에
서 일어난 일은 인간의 정신을 앙양시켜 미래의 행복을 떠올리게
한다. 그러나 그것은 믿을 만한 게 못 된다. 그러한 일은 결코 일어
나지 않는다. 참으로 인간에게 평화를 가져다주는 것은 자기 자신
밖에는 없기 때문이다."

스토아 학파의 철학자 에픽테토스는 육체의 종양이나 농창을 제거하는 것보다도 마음속의 나쁜 생각을 없애는 것에 마음을 써야 한다고 경고하고 있다.

에픽테토스는 이미 19세기 전에 그렇게 말했지만 현대 의학도 틀림없이 그에 동의할 것이다.

G. 칸비 로빈슨 박사는 존스 홉킨스 병원에 수용되어 있는 환자 다섯 사람 가운데 네 사람이 감정적 긴장과 압박감이 병태(病態)의 원인의 일부라고 언명하고 있다. 이것은 기질성 질환에 대해서도 같은 것으로, 결국 생활과 그 문제에 대한 조절 불량에 기인하고 있다는 것이다.

프랑스의 대철학자 몽테뉴는 다음과 같은 구절을 좌우명으로 삼고 있다.

☑ 인간은 일단 저질러진 일에서 손해 보는 것 이상으로
그 일에 대한 의견 때문에 피해를 입는다.

그러나 일어난 일에 대한 의견은 우리의 마음 하나에 달려 있다. 고민에 사로잡혀 신경이 바늘처럼 날카로워져 있을 때 자신의 의지에 따라 정신 태도를 바꿀 수 있다는 말이다. 그렇다면 그 비결을 잠깐 보도록 하자.

응용 심리학의 최고 권위자인 윌리엄 제임스는 일찍이 이렇게 말

하고 있다

☑ 행동이 감정을 따른다고 생각하기 쉽지만, 실제로 행동과
감정은 동시에 움직일 수 있다. 보다 직접적인 의지의
지배하에 있는 행동을 규제함에 따라 우리들은 의사의
직접적 지배하에 없는 감정을 간접으로 규제할 수가 있다.

다시 말해 '단지 결심한 것만으로는' 감정을 즉석에서 바꿀 수
없지만 행동은 바꿀 수는 있다. 그리고 행동을 바꾸면 자동적으로
감정이 바뀐다는 것이다.

그는 다시 설명하고 있다.

"따라서 쾌활한 감정을 잃었을 때 그것을 회복하려면 유쾌하게
말하고 행동하라."

믿지 못하겠다면 일단 얼굴 가득히 미소를 짓고 어깨를 펴고 크
게 숨을 내쉬고 즐거운 노래를 불러보도록 하자. 노래를 부를 수 없
다면 휘파람이라도 불어라. 휘파람도 불지 못한다면 부는 흉내라도
내야 한다. 이 간단한 방법만으로도 윌리엄 제임스의 설명을 이해
할 수 있을 것이다. 아주 행복한 듯 행동하면서 고민한다는 것은 육
체적으로 불가능한 일이다.

이것은 자연의 작은 진리로써 우리의 모든 생활에 기적을 일으키
게 할 수 있는 부분이다. 내 친구이기도 한 캘리포니아의 어떤 부인

도 이 비결을 미리 알았더라면 스스로의 고민을 24시간 이내에 전부 제거할 수 있었을 것이다.

그녀는 늙은 미망인이다. 그리고 그것은 틀림없이 고통스러운 일이다. 그녀에게 안부를 물으면 '여전합니다' 라고 호소하듯 대답했다. 그녀 앞에서는 행복하다는 것이 오히려 무안하게 느껴진다.

세상에는 그녀 이상으로 불행한 여인이 얼마든지 있다. 그녀의 남편은 한평생을 걱정 없이 살아갈 수 있는 보험금을 남겨 주었고 또 결혼한 자식은 언제나 그녀를 모시고자 했다. 그런데도 그녀는 웃는 법이 없었다. 그녀는 구두쇠이고 이기적이라며 사위 세 사람을 싸잡아 험담하는가 하면 딸들이 조금도 자기를 돌봐주지 않는다고 불평했다. 또한 '노후를 대비한다' 는 명목으로 구두쇠 노릇을 했다. 그녀는 그녀 스스로뿐만이 아닌 자식들과 가정에까지 어두운 그림자를 드리웠다. 만일 이런 행동과 생각을 어떻게 하면 자제할 수 있을까에 대해 조금만 고민한다면, 또한 자신이 불행하다고 생각하지만 않는다면 그녀는 얼마든지 가족들로부터 존경과 사랑을 받을 수 있게 될 것이다. 그러기 위해서는 먼저 몸가짐이 쾌활해야 하며 지금까지 자기에게만 기울였던 애정을 다른 사람에게도 나누어 주어야 할 것이다.

내 친구 중에는 인디애나 주 델 시티에 살고 있는 H.J. 앵글라드라는 사람이 있다. 그는 이 비결 덕택에 지금까지 잘 지내고 있다. 그는 10년 전에 성홍열에 걸렸었다. 이 병이 낫자 다음에는 신장염에 걸렸다. 그리고 의사라는 의사는 모두 찾아가 진료를 받았지만 도무지 낫지 않았다. 그리고 얼마 후 고혈압이 겹쳤다. 진찰 결과 최고 혈압이 214나 되었는데 이것은 치명적인 수치였고, 더욱 악화될 경향이 있으니 빨리 신변 정리를 하는 편이 좋을 것이라는 충고를 받았다.

그는 그때의 상황을 이렇게 이야기하고 있다.

"집에 돌아와서 보험료가 전부 불입되었는가 어떤가를 확인해 보았다. 신에게 나의 죄를 참회했다. 그리고 어두운 명상에 잠겼다. 내 주위의 모든 사람들도 슬픔에 잠겼고 아내와 자식들은 순식간에 비참해졌다. 물론 내 자신도 침울해지고 말았다.

그러나 1주일쯤 자기 연민에 시달리고 나자 나는 이렇게 생각했다. '참 못났다. 앞으로 1년쯤은 더 살 수 있을지도 모른다. 살고 있는 동안이라도 즐겨야 할 것 아닌가?' 나는 어깨를 펴고 미소를 띤 얼굴로 만사가 순조롭다는 듯 행동했다.

물론 처음 얼마 동안은 어색했지만 그런 대로 쾌활하게 보이려 했다. 그리고 이 때문에 가족도 불행에서 구제되었을 뿐 아니라 내 자신도 구원을 받았다. 먼저 나는 기분이 좋아지는 것을 느꼈다. 나날이 병세는 좋아졌고 몇 달 후에는 분명히 무덤 속에 누워 있어야 했는데도 오히려 아주 건강하고 행복했으며 혈압도 내렸다.

나는 이 일을 통해 한 가지를 분명히 알았다. 내가 고민 끝에 '할 수 없지' 하는 태도를 가졌더라면 틀림없이 나는 죽었을 것이다. 그러나 나는 내 정신 태도를 바꿈으로써 스스로에게 찬스를 주었다."

한 가지 질문을 하겠다. 이처럼 단순한 쾌활함 그리고 긍정적인 생각만으로도 생명을 구할 수 있는데 왜 우리들은 사소한 우울증이나 의기 소침함을 고민하는 것일까? 쾌활함 하나만으로도 행복을 가져올 수 있는데 왜 우리는 우리 자신 또는 주위 사람들을 불행하게 만드는 것일까?

아주 오래 전, 나는 한 권의 작은 책을 읽고 실로 깊은 감명을 받았다. 제임스 알렌의 〈생각나는 대로〉라는 책에 다음과 같은 구절이 있다.

"내가 타인이나 사물에 대한 생각을 바꾸면 그 사람과 사물도 나에 대한 생각을 바꾸게 된다. 생각을 바꿈으로써 내외적인 조건이 급속하게 바뀌는 데 놀라는 것이다. 많은 사람들이 구하는 것을 스스로 끌어들이지 않고 있는 그대로를 받아들인다. 목적을 형성하는 기본적인 신성(神性)은 우리들 내부에 존재한다. 인간이 성취하는 모든 것은 사고의 직접적인 결과이다. 인간은 그의 사고를 앙양함에 따라 존재하고 정복하고 성취할 수 있는 것이다. 우리가 사고의 앙양을 거부한다면 약하고 비열한 상태를 벗어날 수 없다."

구약 성경 창세기에 의하면 신께서는 인간에게 전 세계의 지배권을 주었다. 실로 강대한 선물이다. 그러나 나는 그 같은 초 국왕적 특권에는 흥미가 없다. 내가 바라는 것은 자기 자신을 지배하는 것뿐이다. 자신의 사고에의 지배, 자신의 공포에 대한 지배, 자신의 마음, 자신의 영혼에 대한 지배. 자기의 행동을 조절함으로써 자신의 반응을 억제하고 그로써 언제든지 이 지배력을 높일 수 있다.

윌리엄 제임스의 다음 말을 기억하자.

☑ 이른바 악의 대부분은 내면의 태도를 공포에서 투지로 바꿈에 따라 축복 받는 선(善)으로 바꿀 수 있다.

다음은 36년 전, 고 시빌 F. 패트릭이 쓴 것이다.

오늘만은

1. 오늘만은 행복하고 싶다. 링컨은 대부분의 사람은 행복해지려고 결심한 만큼만 행복하다고 말했다. 행복은 밖으로부터가 아닌 내부로부터 온다.

2. 오늘만은 자신을 사물에 적합하게 만들자. 사물을 자기가 바라는 대로 하려고 하지 말라. 가족, 사업, 운을 있는 그대로 받아들이자.

3. 오늘만은 몸조심하자. 운동을 하고 몸을 아끼고 영양을 섭취하자. 혹사하거나 내 몸을 무시하지 않도록 하자. 그렇게 하면 몸은 내 명령에 따르는 완벽한 기계가 될 것이다.

4. 오늘만은 마음을 굳게 가지자. 무엇인가 유익한 일을 배우자. 정신적인 게으름뱅이가 되어서는 안 된다. 사고를 집중할 수 있고 노력을 필요로 하는 책을 읽자.

5. 오늘만은 세 가지 방법으로 내 영혼을 운동시키자. 남 모르게 무언가 좋은 일을 해보자. 윌리어 제임스가 말한 바와 같이 수양을 위해 적어도 두 가지는 하고 싶지 않은 일을 하자.

6. 오늘만은 유쾌하게 지내자. 될 수 있는 대로 씩씩한 모습으로 될 수 있는 대로 어울리는 복장을 하고 조용하게 이야기하고 예절 바르게 행동하고 마음껏 사람들을 칭찬하자. 그리고 남을 비난하지 말고 꾀를 부리지 말고 남을 탓하거나 꾸짖지 않도록 하자.

7. 오늘만은 하루의 프로그램을 갖자. 매 시간 할 일을 기록해 두기로 하자. 그대로는 할 수 없을지 모르나 어쨌든 해 보자. 성급함과 어리석음을 제거할 수 있을 것이다.

8. 오늘만은 30분 동안만이라도 혼자서 조용히 휴식 시간을 갖자. 그 동안 하나님에 대해 생각하자. 자기 인생에 대한 올바른 인식을 얻을 수 있다.

9. 오늘만은 두려워하지 말자. 특히 행복한 일과 아름다운 것을 즐기는 일, 사랑하는 일을 생각하고 내가 사랑하고 있는 사람들 또한 나를 사랑하고 있음을 믿고 두려워하지 말자.

13

용서는 나의 것

오래 전에 옐로우 스톤 파크를 여행했을 때의 일이다.
어느 날 저녁, 다른 여행객과 함께 울창한 숲이 보이는 자리에 앉았다. 마침내 우리가 기다렸던 커다란 회색곰이 밝게 빛나는 불빛 속으로 모습을 나타냈다. 회색곰은 정원 안에 있는 호텔 부엌에서 버려진 음식물 찌꺼기를 먹기 시작했다.

마침 곁에 있던 삼림 감독원 마틴 소령이 흥분된 어조로 말을 탄 한 여행객에게 곰에 대한 이야기를 하기 시작했다. 그가 이야기한 바에 따르면, 회색곰은 서부의 다른 어떤 동물보다도 강하고 상대가 될 만한 것은 들소나 고디악 곰 정도라고 했다.

그런데 그날 밤, 나는 그 회색곰이 숲에서 나온 어떤 작은 짐승에게 잠자코 먹을 것을 나눠주는 광경을 보았다. 그 짐승은 스컹크였다. 곰은 앞발로 한 번 내려치기만 하면 단번에 해치울 수 있다는 것을 알면서도 왜 그렇게 하지 않았을까? 그러나 곰은 경험을 통해 그 작은 동물과는 상대할 수 없다는 사실을 알고 있었을 것이다.

그리고 나 역시 그것을 알고 있었다. 어렸을 때 미주리 주의 농장에서 나와 비슷한 크기의 스컹크를 덫으로 잡았고 어른이 되고 나서는 뉴욕의 거리에서도 마찬가지로 놈을 본 일이 있었다. 그리고 나의 고된 경험에 의해 그놈들을 상대하면 손해라는 것을 알았다.

우리가 어떤 적을 증오하면 그 적에게 힘을 주게 되는 셈이다. 그것은 바로 우리들의 수면, 식욕, 혈압, 건강, 행복에 관한 힘이다. 우리의 적은 우리가 자신으로 인해 괴로워한다는 것을 알게 되면 깡충깡충 뛰면서 좋아할 것이다. 우리들의 증오는 그들을 해하기는 커녕 공연히 자신만 밤낮 지옥 같은 괴로움을 맛보게 만든다.

☑ 만일 어떤 이기적인 인간이 당신 덕을 보려 한다면 그 사람과 상대하지 않는 것이 상책이다. 그러나 보복을 하려고 해서는 안 된다. 그런 식의 보복은 대부분 상대방에게 상처를 입히기 보다는 도리어 자신만 손해를 입게 된다.

이 말은 다소 헛소리 같지만 그렇지 않다. 이 말은 밀워키의 경찰 본부에서 발간한 경찰 홍보 내용의 일부이다.

어째서 복수가 당신을 망치는 것일까?

〈라이프〉 잡지에 의하면 복수의 감정은 건강마저도 해친다.

고혈압증을 가진 사람들의 개인적 특성은 원한이다. 원한이 만성화하면 만성적이고 과도한 긴장감과 심장병이 일어난다.

그러므로 그리스도의 너의 원수를 사랑하라는 말은 바른 도덕률을 설명하고 있을 뿐 아니라 20세기의 의학까지 설명하고 있다. 그가 일곱 번의 칠십 배까지 용서하라고 말했을 때 예수께서는 우리들에게 고혈압, 심장병, 위암 등의 예방법 또한 이야기하고 있었던 것이다.

내 친구 하나가 최근 심한 심장병에 걸렸다. 의사는 그녀를 자리에 눕힌 뒤 어떤 일에도 결코 화내지 말라고 경고했다. 의사는 심장 환자가 성난 행동을 하면 죽을 수도 있다는 것을 알고 있었기 때문이다. 실제로 수 년 전 워싱턴의 어느 레스토랑의 주인이 성난 발작으로 목숨을 잃었다. 여기에 그에 관여했던 워싱턴 스포캔의 경찰 본부장 제리 스튜어트의 편지가 있다.

"수 년 전, 당지에서 카페를 경영하고 있던 윌리엄 훼게바(68세)는 요리사가 접시로 커피를 마시겠다고 우겨대자 화를 내다가 사망했다. 그는 노여움 끝에 권총을 들고 요리사를 쫓아다녔는데 결국 총을 쥔 채 심장마비로 쓰러졌다. 검시관은 성난 발작으로 인해 심장이 마비되었다고 단정했다."

그리스도가 '원수를 사랑하라'고 말했을 때 그는 어떻게 하면 그런 표정을 멋지게 나타낼 수 있는가도 설명하고 있다. 우리는 증오와 원한 때문에 주름이 많고 굳은 얼굴을 한 부인들을 수없이 보았다. 아무리 뛰어난 미용술도 그들의 마음속에 관용과 친절과 애정의 마음이 없고서는 그 용모를 아름답게 만들어 줄 수 없을 것이다.

증오는 맛을 구별하는 능력마저도 파괴한다. 성경에는 이렇게 쓰여 있다.

☑ 사랑을 동반한 가난한 야채 요리는 증오에 찬 사치스러운 고기 요리보다 낫다.

우리들의 적은 그들에 대한 증오에 지쳐 우리가 신경 쇠약이 되고 인상이 나빠지고 심장병에 걸려 생명까지 위태롭다는 사실을 알고 무척 기뻐할 것이다. 설령 원수를 사랑하지는 못한다고 해도 우리들 자신은 사랑할 수 있지 않은가? 우리들의 적에게 우리의 행복과 건강과 얼굴표정에 대한 지배권을 주지 않도록 끊임없이 자신을 사랑해야 할 것이다.

셰익스피어는 이렇게 말하고 있다.

☑ 너의 원수로 인해 난로 불을 너무 태우는 일이 없도록 하라. 오히려 그 불이 너 자신을 태우리라.

그리스도가 우리들의 적을 '일곱 번의 칠십 배까지 용서하라'고 말했을 때 그는 견실한 사업에 대해 설명하고 있었던 것이다.

마침 여기에 스웨덴 우푸사라의 게오르그 로나에게서 받은 편지가 있다. 그는 빈의 변호사였는데 제2차 대전 중 스웨덴으로 피난했다. 그는 무일푼이었고 일자리를 구해야만 했다. 다행히 그는 여러 나라의 언어에 능통했기 때문에 어느 무역 회사의 통신원에 면접을 청할 수 있었다.

그러나 무역 회사는 전쟁 중이라 일자리가 없지만 이름은 적어 두겠다고 했다. 그리고 다른 모든 회사들도 같은 대답을 했다. 그런데 오직 한 회사만은 다음과 같이 회신을 보내왔다.

"안 됐지만 당신은 틀렸습니다. 우리 회사는 통신원 따위는 필요 없습니다. 그리고 만일 필요하다고 해도 당신을 채용할 생각은 없습니다. 당신은 스웨덴 말에 능숙하지 못하니까요. 당신 편지는 오자투성이였습니다."

게오르그 로나는 그 편지를 읽고 격노했다.

"오자투성이라니 무슨 말인가, 이 무식한 것들! 당신들 편지도 많이 틀리지 않았는가!"

게오르그 로나는 이 시골뜨기들을 야무지게 혼내 주려고 편지를 썼다. 그러나 그는 이내 반성했다.

"이 사내가 말한 대로일지도 모른다. 공부는 했지만 모국어가 아니니 오류가 있었을지도 모른다. 그렇다면 취직을 위해서 스웨덴어 공부를 좀 더 해야겠구나. 이 사람은 나에게 좋은 충고를 해주려 했을지도 모른다. 말솜씨가 좀 고약했지만 그 호의에는 감사해야 할 일이다. 그래, 인사 편지를 보내도록 하자."

그래서 그는 먼저 쓴 편지를 찢어 버리고 다음과 같은 편지를 썼다.

"통신원이 필요 없는데도 불구하고 일부러 편지를 해 주셔서 감사합니다. 귀사에 대해 오해한 점은 사과드립니다. 귀사에 편지를 올린 것은 다름이 아니고 귀사가 무역업계의 손꼽히는 회사라는 사실을 알았기 때문입니다. 나의 편지에 문법상의 잘못이 있었다는 데 대해 매우 부끄럽습니다. 앞으로는 스웨덴어를 공부해서 다시는 오류를 범하지 않도록 노력할 생각입니다. 제 앞길에 친절하신 지도를 베풀어 주셨음을 깊이 감사드립니다."

사흘 후 게오르그 로나는 문제의 편지 주인이 회사에 와 달라는 서신을 받고 그곳을 찾아갔다. 그리고 일자리를 얻게 되었다. 그는 사리에 맞는 부드러운 대답은 노여움을 푼다는 사실을 알았다.

우리들은 원수를 사랑할 만큼 성자는 아닐는지 모른다. 그러나 자신의 건강과 행복을 위해서는 적어도 원수를 용서하고 잊어 버리도록 하자. 그것이 현명하다. 공자는 도둑을 맞거나 치욕 당한 일들은 잊어 버릴 수 있는 한 아무것도 아니다라고 말하고 있다.

한 번은 아이젠하워 장군의 아들 존에게 부친께서는 지금까지 남을 원망하는 생각을 가져 본 일이 있느냐고 물었더니 그는 '천만에요, 아버지는 싫은 사람에 대한 생각을 단 1분 간도 하신 적이 없습니다' 라고 대답했다.

옛말에 성낼 줄 모르는 사람은 바보, 성내지 않는 사람은 영리하다고 했다. 전 뉴욕 시장 윌리엄 J. 게나의 정책이 그것이었다.

어느 날 그는 여론에 매도 당한 뒤 미친 사람으로부터 저격을 당해 목숨이 위독하게 되었다. 그는 병상에서 죽음과 싸우면서 이렇게 말했다.

☑ 매일 밤 나는 모든 것과 모든 인간을 용서한다.

혹시 이 말이 지나치게 이상주의적인 말로 들리는가? 그렇다면 〈염세주의 연구〉의 저자인 독일의 대 철학자 쇼펜하워의 의견을 듣기로 하자. 그는 인생을 가리켜 무익하고 괴로운 경험이라고 했다. 그가 길을 거닐면 우울이 뚝뚝 녹아 떨어졌다. 그러나 그 절망의 밑바닥에서도 쇼펜하워는 되도록 누구에게 원한을 품어서는 안 된다고 외쳤다.

나는 일찍이 윌슨, 하딩, 쿨리지, 후버, 루즈벨트, 트루먼 등 여섯 대통령의 신뢰를 받았던 대통령 고문 비어나드 발치에게 지금까지 정적의 술수에 말려든 적이 있었냐고 물어 보았다.

이에 그는 아무도 나를 무안 주거나 골탕 먹일 수 없다. 그런 일을 아예 만들지 않으니까.'라고 대답했다. 우리도 남에게 무안을 당하거나 난처해질 까닭이 조금도 없다. 몽둥이나 돌은 내 뼈를 부수지만 말은 결코 나를 상처 입힐 수 없다.

옛부터 인간은 적에 대해 아무 악의도 품지 않는 그리스도 같은 사람들을 존경했다. 나는 가끔 캐나다의 자스파 국립 공원을 찾아가 서양에서 가장 아름다운 산 하나를 내려다본다. 그 산은 1915년 10월 12일 독일의 조총(鳥銃)부대 앞에서 성녀처럼 죽어 간 영국의 간호부 에디스 갸벨의 이름을 따 마운트 가벨이라고 명명되었다.

그녀는 벨기에에서 영국과 프랑스 부상병을 간호한 뒤 식사를 주었고 그들을 네덜란드로 도망시켰다. 그 일은 곧 발각되었다. 어느 10월 아침, 그녀가 갇혀 있는 브뤼셀의 군사 형무소에 영국의 종군 목사가 찾아와 죽음을 준비시켰다.

에디스는 다음과 같이 말했다.

☑ 나는 애국심만으로는 충분하지 않다는 것을 절실히 느낍니다. 나는 어떤 사람에게도 증오를 품지 않을 것입니다.

4년 후, 그녀의 유해는 영국으로 옮겨져 웨스트민스터 사원에서 추도식이 거행되었다. 얼마 전 런던에서 1년간을 지낼 때 나는 국립 초상화 미술관을 향해 서 있는 그녀의 동상 앞 화강암에 새겨져 있는 이 불후의 명언을 읽었다.

원수를 용서하고 잊어 버리는 확실한 방법은 끝없이 어떤 주의에 몰두하는 것이다. 그러면 우리가 당한 모욕이나 적의는 아무 문제도 되지 않는다. 우리의 주의(主義) 외의 모든 것에 개의치 않게 되기 때문이다. 예를 들어 1918년 미시시피 산 속에서 사건이 하나 있었다. 로렌스 존스라는 흑인 목사 겸 교사가 처참하게 린치를 당할 운명에 놓여 있었다. 몇 해 전 나는 로렌스 존스가 창립한 파이니 위드 컨트리 스쿨을 방문해 학생들에게 강의를 한 일이 있다. 그학교는 오늘날에는 전국에 알려져 있지만 내가 말하고자 하는 사건은 훨씬 전의 일로 제1차 대전 중이었다.

미시시피 중부 지방에 독일인이 흑인을 선동해서 반란을 일으키려고 한다는 소문이 파다했다. 또한 로렌스 존스가 그 장본인이라는 것이었다. 한 무리의 백인들이 그의 교회 앞으로 몰려들었다.

그가 군중을 향해서 이렇게 외쳤다는 것이다.

"인생은 투쟁이다. 이겨내고 살기 위해, 우리 흑인들은 모두 갑옷으로 무장하고 용감하게 싸워야만 한다."

'싸우자' '갑옷' 등의 말을 전해들은 백인 청년들은 어두운 밤길을 달려 폭도를 동원하고 교회를 포위한 뒤 존스 목사의 목에 밧줄을 감고 1마일이나 끌고 다녔다. 그리고 쌓아 놓은 장작 위에 그를 세우고 성냥불을 켜 태워 죽이려 했다.

그때 누군가가 '태워 죽이기 전에 지저분하고 너절한 설교를 해라. 지껄여라! 지껄여!' 라고 소리쳤다. 로렌스 존슨은 높이 쌓아올려진 장작 위에 서서 목에 밧줄이 감긴 채 그의 생명과 주의를 위해 연설했다.

그는 1907년 아이오와 대학을 졸업했다. 그는 훌륭한 성격, 좋은 학업 성적, 음악적 재능 등으로 인기가 높았다. 졸업을 하자 어느 호텔업자가 일자리를 주었지만 그는 이것을 거절했다. 또 어떤 부호는 음악 수업의 학자금을 내겠다고 했지만 그는 이것도 거절했다. 자기만의 '꿈'이 있었기 때문이다.

그는 부커 T. 워싱턴의 전기를 읽고 감명을 받았으며 가난에 허덕이고 있는 동포들을 교육하는 데 일생을 바치리라 결심했던 것이다. 그래서 그는 남부에서도 가장 산골인 미시시피의 빈터에 책상 대신 나무토막을 놓고 학교를 열었다.

로렌스 존스는 죽음을 눈앞에 둔 시점, 격분한 사람들에게 자신이 배우지 못한 소년 소녀들을 착한 농부·공원·요리사·가정부로 키우기 위해 얼마나 고군분투했는가를 말했다. 또한 파이니 위드 컨트리 스쿨을 설립하는 데 토지·목재·돼지·소금 등을 기부해 준 많은 백인들에 대한 찬사를 아끼지 않았다.

훗날 로렌스 존스는 그를 길 위에 끌고 다니다가 태워 죽이려 했던 그들을 미워하는지에 대해 질문을 받았을 때, 자기는 주의(主義)로 머리가 가득 찼었고 더 큰 일에 몰두했기 때문에 미워할 겨를이 없었다고 대답했다.

나에게는 남들과 다툴 만한 여가가 없다. 또 후회할 틈도 없다. 아무도 나를 미워하지 않고는 견딜 수 없을 만큼 나를 굴복시킬 수는 없다.

로렌스 존스의 진실이 깃든 감동적인 열변을 듣자 폭도들은 누그러지기 시작했다. 마침내 군중 속의 전 남군 병사였던 자가 이렇게 말했다.

"저 사람 말이 옳다. 이 사내가 말한 백인들은 모두 내가 알고 있는 사람들이다. 이 사내는 훌륭한 일을 하고 있다. 우리들이 오해한 것이다. 죽이지 말고 도와 줘야 한다."

그 남군의 노병사는 모자를 벗어 들고 파이니 위드 컨트리 스쿨의 창립자를 태워 죽이기 위해 모인 사람들로부터 52달러의 기부금을 모았다. 나에게는 남들과 다툴 만한 여가가 없다. 또 후회할 틈도 없다. 아무도 나를 미워하지 않고는 견딜 수 없을 만큼 나를 굴복시킬 수는 없다고 말한 그 흑인을 위해.

에픽테토스는 이미 19세기 전에 우리는 자신이 뿌린 씨를 거둔다, 그리고 운명은 어떻게 해서든 우리의 악행에 보답한다고 지적하고 있다. 그는 말한다.

☑ 운명이란 자신의 비행에 보복한다. 사실을 기억하고 있는 사람은 누구에게도 화를 내지 않고 누구에게도 분개하지 않고 누구에게도 욕하지 않고 누구에게도 화내지 않고 아무도 미워하지 않을 것이다.

아마도 미국 역사상 링컨만큼 욕을 먹고 미움을 받고 배신을 당한 사람은 없을 것이다. 그러나 하든의 유명한 전기에 의하면 링컨은 결코 좋고 나쁜 것으로 사람을 판단하지 않았다.

"어떤 일을 꼭 이루어야 할 경우 자기의 정적(政敵)과도 서슴없이 이야기했다. 누군가가 자신에게 악의를 품고 부당한 언행을 했다 하더라도 만일 그가 어떤 지위에 가장 적합하면 링컨은 대뜸 그를 기용했을 것이다. 그는 상대가 정적이나 자신의 반대편 사람들이라고 해서 인사 이동을 시키는 일 따위는 하지 않았다."

링컨은 마크레랑, 시워드, 스탄돈, 제스 같은, 그가 권력의 지위에 임명한 많은 사람들에게 비난받고 모욕당했다. 그러나 하든의 전기에 의하면, 링컨은 '자신이 한 일로 칭찬 받지 않아야 한다. 그렇다고 남이 한 일이나 하지 않은 일에 대해 비난할 것도 아니다. 우리 인간은 조건 · 환경 · 교육 · 습관 등을 비롯해 현재에서 미래에 걸쳐 인성을 형성하는 유전의 소산에 지나지 않기 때문이다' 라고 말하고 있다.

링컨의 말은 정당했다. 만일 우리가 우리의 적과 같은 육체적 · 정신적 · 감정적인 특질을 가지고 태어났다면, 그리고 만일 우리의 적이 우리와 같은 인생을 보내고 있다면, 우리 역시 그들과 똑같은 행동을 했음에 틀림없다.

수우족 토인의 기도말처럼 오오, 신이여! 보름 동안 그의 가죽신을 신어 보기 전까지는 그를 판단하거나 비평하지 않도록 지켜 주소서라는 말에 동조할 수 있는 관대함을 지녀야 할 것이다. 그러므로 우리들은 원수를 미워하기보다는 우리가 그들이 아님을 신께 감사해야 할 것이다.

우리 가족은 매일 저녁 성경의 한 구절을 읽거나 기도회를 가졌다. 나는 지금도 아버지가 미주리의 쓸쓸한 농장에서 다음과 같은 그리스도의 말씀을 되풀이하던 것을 기억한다.

☑ 너희들의 원수를 사랑하고 너희들을 저주하는 사람에게 은혜를 베풀며, 너희들을 미워하는 자에게 잘 대하고, 고민하는 사람들을 위해 기도하라.

14

주는 것에 만족하라

나는 최근 텍사스에서 망은을 분개하는 한 실업가를 만났다. 나는 그를 만나자마자 그가 분명 15분 내에 이런저런 곡절을 퍼부을 것이라 생각했는데 역시나였다.

사건은 11개월 전에 일어났지만 그는 아직껏 화가 가시지 않은 채였다. 그는 오직 그 이야기뿐이었다.

그는 35명의 직원에게 크리스마스 보너스로 평균 3백 달러씩 주었는데 누구도 고맙다는 인사를 하지 않았다는 것이다. 그는 그럴 줄 알았다면 '한 푼도 주지 말 것을!' 하고 화를 내고 있었다.

성난 사람에게는 독이 가득하다라는 공자의 말처럼 그의 정신엔 독이 가득했고 나는 그가 가여워졌다. 그는 60세 전후였고 생명 보험 회사의 통계에 따르면 운이 좋아야 앞으로 14, 5년을 더 살 수 있었다.

그러나 그는 지나버린 일을 원망함으로써 나머지 수명의 1년 가량을 헛되이하고 만 것이다. 나는 그가 측은했다. 그가 원한과 자기 연민에 빠지기 전에 그는 왜 감사하는 것을 몰랐는가를 깨닫게 해 주어야 했다.

어쩌면 그는 싼 급료로 직원들을 혹사시켰을지도 모른다. 그래서 그들은 크리스마스 보너스를 선물이라고 생각지 않고 급료의 일부로 간주했을지도 모른다. 아니면 잔소리 때문에 주인을 가까이 할 수 없게 된 나머지 고맙다는 인사를 생략했거나 잊어 버렸는지도 모른다.

반면에 그 직원들이 이기적이고 비열하고 예절이 없었는지도 모른다. 어느 쪽인지는 아무도 모른다. 그러나 나는 사무엘 L. 존슨 박사의 감사할 수 있는 마음은 교양의 결실이다. 난폭한 사람들 사이에서는 찾아 볼 수가 없다는 말을 기억하고 있었다. 이 사람은 은혜를 입을 줄만 아는 인간에게서 흔히 볼 수 있는 과오를 범한 것이다. 그는 인간을 잘 알지 못했다.

만일 당신이 어떤 이의 생명을 구했다고 하자. 당신은 아마도 그 사람에게 감사하다는 표현을 기대할 것이다. 유명한 형사 변호사였던 사무엘 라이보이스는 78명의 죄수를 전기 의자에서 빼내 주었다. 그렇다면 당신은 과연 몇 사람이 그에게 짧은 답례나 크리스마스 카드를 보냈으리라 생각하는가? 그러나 그런 사람은 하나도 없었다.

어느 날 오후, 그리스도는 열 명의 나병 환자를 고쳤다. 그러나 그 가운데 오직 한 사람만이 그에게 고맙다는 뜻을 전했다. 그리스도가 제자들에게 '다른 아홉 사람은 어디에 있는가' 라고 물었을 때, 그들은 모두 도망쳐 버렸다. 고맙다는 인사도 한 마디 없이 사라져 버린 것이다.

당신에게 한 가지 질문을 하고 싶은데, 텍사스의 실업가나 우리가 베푼 사소한 친절에 그리스도가 받은 이상의 감사를 기대할 만하다고 생각하는가?

더군다나 금전상의 문제라면 감사는 더욱 기대하기 어렵다. 찰스 스왓브는 언젠가 은행 돈으로 주권(株券)을 산 지배인을 자기 돈을 입금하여 구해 준 일이 있었다. 그 지배인은 당장에는 감사를 표했지만 후에는 그에게 반감을 가지고 그를 나쁜 이로 매도했다.

만일 당신이 친척 중 한 사람에게 백만 달러를 주었다 치자. 그에게 감사를 기대할 것인가? 물론 앤드류 카네기는 그렇게 했다. 그러나 만일 그가 살아 있었다면 돈을 준 그 친척이 자기를 헐뜯는 것을 보고 이맛살을 찌푸릴 것이다. 친척의 말인 즉, 늙은 카네기가 자선 사업에는 3억 달러나 기부하면서 자신에게는 겨우 백만 달러라는 하찮은 돈밖에 주지 않았다는 것이다.

만사는 이런 법이다. 인간의 습성은 살아 있는 동안에 바꿀 수 없다. 그러므로 그것을 받아들이는 수밖에 없다. 일찍이 로마 제국을 통치한 최고의 현자 중 한 사람인 마커스 아우렐리우스처럼 현실적으로 그것을 바라보아야 한다. 그는 그의 일기에 이렇게 쓰고 있다.

"나는 오늘 말이 많은 사람, 이기적이고 자기 중심적이며 은혜 모르는 사람들을 만나기로 되어 있다. 그러나 나는 별로 놀랍지도 않고 불안하지도 않다. 그 같은 사람이 없는 세상은 상상할 수 없으니까."

만일 우리들이 망은(忘恩)에 대해 계속 불평을 한다면 그것은 인간성에 대한 불평일 뿐이다. 감사를 기대하지 말라. 그렇게 되면 가끔 조금이라도 감사를 받게 되면 기쁨이 배가 된다. 또한 감사 표시를 받지 않아도 별로 화날 까닭이 없게 될 것이다.

뉴욕의 한 부인은 자신의 고독함을 늘 불평했다. 친척들은 그녀를 가까이하려 들지 않았다. 당연한 일이었다. 그녀는 누가 찾아오기만 하면 몇 시간이고 앉혀 놓고 어린 조카딸들을 키우던 이야기를 늘어놓곤 했다. 그들이 홍역, 감기, 백일해에 걸렸을 때 자기가 얼마만큼 따뜻하게 간호해 주었는가부터 시작해 오랫동안 그들을 양육해 준 일, 그 가운데 한 사람을 실업 학교에 넣어 준 일, 또 한 사람은 결혼할 때까지 데리고 보살펴 주었던 일 등을 너저분하게 늘어놓는 것이었다.

과연 그 조카나 조카딸들이 그녀를 찾아왔을까? 때로는 의무감에서 찾아오긴 했지만 그들은 방문 자체를 두려워했다. 마치 바늘방석에 앉은 것 같은 기분 때문이었다. 싫은 소리만 해대고 어리석은 말들을 지루하게 늘어놓고 자기가 가엾다는 등 한숨 섞인 말에 진력이 날 정도였다. 또 조카들이 알아서 찾아오지 않으면 예의 심장 발작을 일으켰다.

분명히 그녀의 심장은 신경질적인 고동부정(鼓動不整)에 걸려 있었다. 그러나 이를 치료할 방법이 없다. 그녀의 발작은 감정적인 것이기 때문이다.

그녀가 바랐던 것은 애정과 친절이었다. 그리고 그녀는 그것을 '보은(報恩)'이라고 불렀다. 그러나 그녀가 이것을 바라고 있는 한 그녀는 결코 감사와 애정을 받을 수 없을 것이다. 그녀 스스로 그것을 당연한 권리로 생각하고 있었으니 말이다.

세상에는 그녀와 같은 사람, 즉 망은, 고독을 고민하는 사람이 수없이 많다. 그들은 애정을 구하고 있지만 사랑을 받기 위해서는 그 요구를 그만두어야 한다. 답례를 바라기보다는 스스로 애정을 베풀도록 힘써야 할 것이다. 이것이야말로 평범한 상식이다. 우리가 동경하고 있는 행복을 찾기 위한 좋은 방법이다.

나는 이런 모습을 내 가정에서 보았다. 나의 양친은 다른 사람을 돕는 일을 기뻐했다. 우리는 가난했지만 양친은 해마다 아이오와 주 카운슬 블럽스의 고아원에 돈을 기부하고 있었다. 그 고아원에 가본 일도 없었고 편지 이외는 아무에게도 감사하다는 말을 들은 적이 없었지만, 그분들은 충분히 보답 받고 있었다. 아무런 보상도 기대하지 않은 채 어린아이들을 돕고 있다는 기쁨이 있었기 때문이다.

나는 집을 나오고 나서, 매년 크리스마스에 양친에게 약간의 돈을 보내어 그것을 즐거운 일에 써달라고 했다. 그런데 양친은 결코 그렇게 하지 않았다. 내가 크리스마스를 며칠 앞두고 집에 돌아가면, 아버지는 많은 아이들을 거느리고는 먹을 것과 연료에 곤란을 받고 있는 고을의 미망인에게 연료나 식료품을 사 주었다는 이야기를 했다. 그들은 이 선물에서 큰 기쁨을 맛보고 있었다. 그것은 바로 아무런 답례도 기대하지 않고서 남에게 은혜를 베푸는 기쁨인 것이다.

나의 아버지는 아리스토텔레스가 말하는 이상인(理想人)이 될 자격을 갖추고 있었다. 그는 행복할 가치가 있는 인간이다.

아리스토텔레스는 말하고 있다.

☑️ 이상인은 타인에게 친절을 베푸는 것에 기쁨을 느낀다. 그러나 남에게 친절을 받는 것을 부끄럽게 여긴다. 왜냐하면 친절을 베푸는 것은 우월의 상징이고 그것을 받는다는 것은 열등의 표이기 때문이다.

만일 우리들이 행복을 찾고자 한다면, 감사와 망은을 떠나 은혜를 베푼다는 마음의 기쁨을 누려야 할 것이다.

옛날부터 어버이들은 그 자식의 망은에 끊임없이 분노하였다. 셰익스피어의 리어왕마저도 '은혜를 모르는 자식을 두는 것은 뱀에게 물리는 것보다 더 고통스럽다'고 외치고 있다.

그러나 자식들이 부모에게 감사를 표하는 것은 부모가 그렇게 가르치기 때문이 아닌가. 망은은 잡초처럼 자연스럽고 감사는 장미와 같은 것이다. 장미는 거름을 주고 물을 뿌리고 기르고 또한 보호하지 않으면 안 된다.

설령 자식이 은혜를 모른다고 하자. 이것은 누구의 책임이겠는가? 그것은 부모의 탓이다. 부모가 다른 사람에게 감사의 뜻을 표하는 것을 가르치지 않았으므로 자식들 또한 감사를 표하는 법을 모르게 된다.

다음은 내가 알고 있는 시카고의 어떤 사람의 이야기다.

그는 상자를 만드는 공장에서 일하고 있었는데 1주에 40달러 빌이가 고작이었다. 그러다가 어떤 미망인과 결혼을 했는데 미망인의 설득에 넘어가 돈을 꾸어 의붓자식 둘을 대학에 넣었다. 그는 주급 40달러로 먹을 것, 집세, 연료, 의복 등과 꾼 돈의 이자까지 해결하지 않으면 안 되었다. 그는 그것을 4년 동안이나 계속했다. 그러나 한 마디도 불평하지 않았다.

그렇다고 그가 감사를 받았을까? 그렇지 않았다. 처도 의붓자식들도 이것을 당연한 일로 생각했다. 자신들이 그에게 폐를 끼치고 있다고는 꿈에도 생각지 않았다.

그렇다면 대체 누가 나쁜 것인가? 물론 자식들도 마찬가지이겠지만 어머니 쪽이 보다 비난을 받아야 한다. 그녀는 자식들이 '채

무에 대한 부담감'을 가지는 것을 수치라고 생각했다.

그녀는 자식들에게, '아버지는 참으로 대단한 분이시란다' 라는 말 대신 '그 정도의 일은 아무것도 아니란다' 라고 말했다. 자기 딴엔 사랑해서 한 말이었겠지만 두 자식에게는 위험한 생각을 심어주었다. 결국 그들 중 한 명은 고용주로부터 돈을 '차용' 했다가 변제하지않아 끝내엔 형무소행이 되고 말았다.

자식들은 가정 교육 여하에 달려 있다. 예를 들어, 나의 이모 비올라 알렌사더는, 자식들의 망은에 대해 불평하지 않았다. 내가 어릴 적, 그녀는 친정 어머니를 자신의 집에 모셔왔고 또 시어머니도 같은 집에 모시게 되었다. 지금도 이들 두 노부인이 난로 앞에 앉아 있던 광경이 생생히 떠오른다.

사실 이모에게 두 사람은 '귀찮은 존재' 였을지도 모른다. 그러나 이모는 조금도 그런 눈치를 보이지 않았다. 그녀는 그들을 공경했고 두 노인을 마음 편하도록 해 드렸다. 더욱이 자식이 여섯이나 있었는데, 그녀는 자신이 특별히 훌륭한 일을 하고 있다는 생각은 조금도 하지 않았다. 그녀에게 이 모든 것은 당연하고 올바른 처사이며 하고 싶은 일이기에 했을 뿐이라는 것이다.

그렇다면 지금 그녀는 어떻게 지내는가. 그녀는 벌써 20년 동안 미망인으로 지내고 있다. 그러나 다섯 아이들이 성인이 되어 독립하자 서로 그녀를 자기 집에 모셔 가려고 다투고 있다. 그들은 어머니를 지극히 사랑하며 어머니를 모시는 일을 아주 흐뭇하게 여기고 있다.

은혜에 대한 보답을 하려는 때문일까? 천만의 말씀이다. 그것은 사랑이며 순수한 애정이다. 그들은 어린 시절을 아름다운 온정과 부드러운 사랑 속에서 보냈다. 그러므로 입장이 뒤바뀐 오늘날, 그 애정을 되돌려 주고 있는 것이다.

그러므로 자식에게 감사하는 마음을 심어주려면, 우리들이 먼저 감사의 생각을 깊이 하지 않으면 안 된다. 어린이의 귀는 밝다라는 격언을 떠올리고 말 하나 하나까지 조심하자. '수우가 크리스마스에 보내준 이 행주를 보렴. 그 애가 짠 것인데, 돈 한 푼 들지 않았단다' 라고 말해선 안 된다. 아이들은 이 말을 이상하게 알아들을 것이다.

자, 다시 한 번 말해보자. '이것을 만드는 데 꽤 수고를 했을 거야. 아주 고맙구나, 곧 고맙다는 인사 편지를 보내야겠어.' 라고.

15

당신의 소중한 재산목록은 무엇인가

해럴드 애보트와는 오래 알고 지낸 사이다. 그는 미주리 주 웨브 시티에 살고 있다. 그는 오랫동안 내 강연 사업의 매니저를 했었다. 어느 날, 나는 그를 우연히 캔자스 시티에서 만났다. 그는 나를 미주리 주 벨톤에 있는 내 농장까지 태워다 주었는데 그 도중에 나는 그에게 어떻게 고민을 물리치고 있는가를 물어 보았다. 그의 대답은 실로 감명 깊은 것이었다.

"나는 곧잘 고민했는데 어느 봄날 웨브 시티의 거리를 걷다가 어떤 광경을 목격했지. 그것이 내 고민을 한꺼번에 내쫓아 주었다네. 겨우 10초 동안에 생긴 일이지만 그 10초 동안 나는 지금까지 10년 동안 배운 이상으로 어떻게 살아야 하는가에 대해 깨우친 걸세.

나는 3년 동안 웨브 시티에서 식료품 가게를 경영하고 있었는데, 그 동안 모아 두었던 돈을 전부 잃어 버렸을 뿐만 아니라 빚까지 지게 돼서 그것을 갚는 데만 7년이나 걸렸지 않겠나. 내 가게는 지난 토요일에 폐점해 버렸고, 나는 일자리를 구하기 위해 캔자스 시티로 갈 여비를 대출하려고 은행에 가는 중이었지. 꼴은 초라했고 의기소침했다네.

그때 문득 저편에서 다리가 없는 사나이가 오는 것을 보게 되었어. 그 사내는 롤러스케이트용 수레바퀴를 단 작은 목제 틀 위에 앉아 나무토막을 짚으며 오고 있었지. 내가 보았을 때 그는 마침 인도로 오르려고 자기 몸을 2, 3센치 가량 위로 일으키고 있었다네. 그리고 틀을 비스듬하게 올렸을 때, 나와 눈이 마주쳤다네. 그는 싱긋 웃으면서, 쾌활하게 인사했지. '안녕하십니까, 좋은 날입니다.'

그 사나이를 물끄러미 바라보는 동안 나는 내 자신이 얼마나 나행인가를 깨달았지. 나에게는 두 발이 있고 걸을 수도 있었어. 그러자 그 지독한 자기연민이 부끄러워졌다네. 이 사람은 발이 없어도 행복하고 명랑하며 자신을 잃지 않는데 사지가 멀쩡한 내가 하지 못할 일이 없지 않겠나. 그렇게 생각하자 용기가 솟더군. 나는 처음에는 1백 달러를 빌릴 작정이었는데 용기를 내어 2백 달러를 차용했지. 또한 일자리를 찾으러 캔자스 시티에 간다고 말할 예정이었으나 캔자스 시티에 있는 새로운 직장으로 간다고 말했다네. 그러자 은행에서는 쉽게 돈을 빌려 주었지. 그리고 나는 취직을 했어. 나는 지금도 다음 글귀를 목욕탕 거울 위에 붙여 놓고 있지. 그리고 매일 아침 면도할 때, 그것을 읽곤 한다네. 구두가 없다고 낙심할 때 길에서 만난 다리 없는 사람을 생각하라."

언젠가 나는 에디 리켄바커에게 다른 조난자들과 3주 동안이나 뗏목을 타고 태평양을 표류했을 때 체득한 최대의 교훈이 무엇이냐고 물어 보았다. 그러자 그는 다음과 같이 대답했다.

☑ 깨끗한 물과 식량만 충분히 있다면 그 이상 아무것도 불평할 것이 없다는 사실이다.

〈타임〉지에 실린, 전쟁터에서 부상한 한 상사의 이야기를 보자. 그는 포탄의 파편을 맞아 목에 부상을 입고 일곱 번이나 수혈을 받았다. 그는 종이 위에 '다시 살아날 수 있을까요?' 라고 적어 군의관에게 내밀었다. 군의관은 '예' 라고 대답했다. 그는 또 다시 군의관에게 글을 썼다. '나는 말할 수 있게 될까요?' 이번에도 대답은 '예' 였다. 그러자, 그는 다음과 같이 종이에 썼다.

"그렇다면 도대체 무엇을 걱정한단 말입니까?"

당신은 지금 도대체 무엇을 걱정하고 있는가? 돌이켜보면 아무것도 아니고 대부분의 무의미한 것들일 것이다. 우리들 인생에서 약 90퍼센트의 일은 옳은 것이며 나머지 10퍼센트는 그릇된 것이다. 그러므로 행복하기를 바란다면 90퍼센트의 옳은 일에 마음을 집중하고 10퍼센트의 잘못을 무시해야 한다.

영국 크로웰파의 여러 교회에는 생각하고 또한 감사하라는 말이 새겨져 있다. 이 말을 마음에 새기자.

〈걸리버 여행기〉의 저자 조나단 스위프트는 영문학 사상 가장 과격한 염세주의자였다. 그는 이 세상에 태어난 것을 비관하여 생일날에 상복을 입고 단식했다. 그러나 반면에 쾌활함과 행복을 찬미했다. "세계에서 가장 좋은 의사는 식사, 평온, 명랑함이다"라고 그는 말하고 있다.

우리는 알리바바의 재산 못지 않은 명랑함으로 인생을 즐겁게 살 수 있다. 당신은 당신의 두 눈을 1천만 달러에 팔 수 있겠는가? 또는 두 다리를 무엇과 교환하겠는가? 두 손, 두 귀, 당신의 아이들, 가족들은 또 어떠한가? 당신이 가진 소중한 재산을 모두 집계해 보라. 그러면 그것들을 록펠러, 포드, 모건의 재산 전부와도 바꿀 생각이 없다는 것을 알게 될 것이다.

그러나 우리는 이 모든 것들의 진가를 잘 알지 못한다. 쇼펜하워는 우리들이 이미 가지고 있는 것은 좀처럼 생각지 아니하고 언제나 없는 것만을 생각한다고 말했는데 이것은 지상 최대의 비극이다. 아마도 역사 상의 모든 전쟁이나 질병 이상으로 인간에게 불행을 가져오는 원인이다. 이로 인해 존 파머는 남들과 같은 어엿한 처지에도 불구하고 '늙어빠진 불평가'가 되었으며 하찮은 일로 가정을 망칠 뻔했다.

파머는 지금도 뉴욕 저지 주 패터슨에 살고 있다. 그는 이렇게 말했다.

"군대에서 돌아와 얼마 있다가 혼자서 장사를 시작했다. 나는 밤낮으로 일했다. 처음엔 만사가 다 잘 풀렸다. 그런데 뜻밖에 골치 아픈 일이 일어났다. 팔아야 할 부속품이나 재료를 입수할 수 없게 된 것이다. 나는 폐업하지 않으면 안 되겠다고 걱정했다. 그리고 너무 고민한 나머지 늙어빠진 불평가가 되고 말았다.

나는 내성적으로 변했고 늘 기분이 나빠 마음을 진정시킬 수가 없었는데 한 번은 사소한 일로 가정이 파탄날 뻔하기도 했다. 그런데 어느 날, 같은 곳에서 일하던 젊은 상이군인이 이렇게 말했다. '이 봐, 부끄럽지도 않은가. 자네는 자네 혼자만 고생한다고 생각하는 모양인데 잠깐 동안 가게문 닫는 게 뭐 어떻다는 거야. 경기가 좋아지면 또 할 수 있지 않나. 자네는 아직 운이 좋은 편이야. 그런데도 언제나 불만이시군. 나 같은 사람은 자네가 부러워. 나를 보게나. 손은 하나밖에 없고 얼굴은 총알로 반쪽이 없어져서 꼴불견이야. 그래도 나는 불평하지 않지 않나. 그렇게 투덜대기만 하다가는 장사는 끝장이고 자네 건강도, 가정도, 친구도 모두 잃게 되고 말 거야.' 이 한 마디로 인해 나는 몰락에의 행보를 멈추게 되었다. 나는 자신이 얼마나 행복한가를 깨달았다. 그리고 나는 다시 옛날의 자신으로 되돌아가려고 결심했다. 그리고 실행했다."

나의 친구 루실 블레이크는 한때 비극의 문턱에서 몸부림쳤는데 그때 그녀는 자기 자신의 결점에 대해 고민하는 대신 자기가 가지고 있는 것에 만족함으로써 행복해지는 법을 배웠다. 내가 처음 루실을 알게 된 당시 우리들은 콜롬비아 대학의 신문학부에서 단편 소설 작법을 공부하고 있었다.

9년 전, 애리조나에 살고 있던 그녀는 실로 놀라운 충격을 받았다. 그녀는 그때의 일을 이렇게 회상했다.

"나는 눈코 뜰 새 없이 바쁜 나날을 보내고 있었습니다. 애리조나 대학에서는 오르간을 배우고, 마을에서는 스피치 강습회의 지도를 하고, 데사트 윌로우 목장에서는 음악 감상 클래스도 가르치고 있었습니다. 그리고 파티, 댄스, 야간의 장거리 자동차 달리기에도 나갔습니다. 그러던 어느 날 아침, 나는 졸도하고 말았습니다. 심장에 탈이 난 거지요. 의사는 1년 동안 절대 안정할 것을 말했지만 건강을 회복할 수 있다는 말은 말하지 않았습니다.

1년 간의 병상 생활, 게다가 재기 불능으로 죽을지도 모른다니, 나는 두려움에 떨었습니다. 왜 이렇게 되었을까? 왜 이러한 벌을 받았을까? 나는 슬픔에 사로잡히고 말았습니다. 성격은 반항적으로 변했고요.

하지만 나는 일단 의사가 시키는 대로 했습니다. 이웃에 살고 있는 화가 루돌프 씨는 '1년씩이나 자리에 누워 있는 것이 비극이라 생각될지 모르지만 결코 그렇지 않습니다. 오히려 천천히 생각할 여유를 가지면 자기를 인식할 수 있게 될 겁니다. 당신은 앞으로 몇 달 동안 이제까지의 생활 이상으로 정신적 성장을 거듭하게 될 것입니다' 라고 격려해 주었습니다. 나는 차차 침착함을 되찾고 새로운 가치 관념을 기르려고 했습니다. 그리고 영감(靈感)에 관한 책을 읽었습니다.

어느 날, 나는 라디오 평론가가 인간은 자기가 의식하고 있는 것만을 표현할 수가 있다라고 말하는 것을 들었습니다. 이 말은 내 마음속에 파고들었어요. 나는 이것을 실천하기로 결심했지요. 그것은 결국 환희, 행복, 건강의 사상이었습니다.

매일 아침 나는 눈을 뜨자마자 감사해야 할 일들을 생각하도록 애썼습니다. 고통이 사라지는 일, 귀여운 젊은 아가씨, 온전한 나의 시력과 청각, 라디오에서 흘러나오는 아름다운 음악, 독서, 맛있는 음식, 다정한 친구들을 생각했습니다. 내 성격이 쾌활하고 문병객이 많았기 때문에 의사는 '문병객은 일정한 시간에 한 번에 한 사람씩 들어오게 할 것'이라고 주의를 줄 정도였습니다.

이제 9년이 지났습니다. 나는 지금 하루하루를 충실하고 활발하게 보내고 있습니다. 그리고 1년 동안의 병상 생활에 대해 감사하고 있습니다. 그것은 애리조나에서 보낸 가장 귀중하고 행복한 1년이었습니다. 나는 그 무렵 매일 아침 행복을 헤아려 보던 습관을 지금도 계속 하고 있습니다. 그것은 나의 귀중한 보배입니다. 죽음에 직면할 때까지 참되게 사는 방법을 알지 못했던 스스로를 생각할 때 절로 부끄러운 생각이 듭니다."

로건 피아솔 스미드의 말을 보자.

☑ 인생에는 목표로 삼을 만한 것이 두 가지 있다.

첫째는 욕망하는 것을 소유하는 일,

둘째는 그것을 즐기는 일이다. 그리고 가장 현명한

사람만이 둘째 일을 성취한다.

부엌에서 접시 닦는 일마저도 기쁨으로 여길 수 있다는 사실을 알고 싶다면 버크힐트 다일의 〈나는 보고 싶었다〉를 읽어 보라. 이 책은 50년 동안이나 반(半) 장님으로 지낸 한 부인의 저서다.

"나는 눈이 한쪽밖에 없다. 게다가 그 한쪽 눈마저도 심한 상처가 있어 눈 꼬리의 작은 틈으로 물체를 본다. 그러므로 책을 읽을 때에는 책을 얼굴에 갖다 대고, 될 수 있는 대로 눈알을 왼쪽으로 가져다 대지 않으면 안 되었다."

그러나 그녀는 동정과 특별 대우를 거절했다. 어렸을 때도 역시 다른 아이들과 돌차기 놀이를 하는 것을 좋아했다. 그러나 그녀는 표적을 잘 볼 수 없었으므로 다른 아이들이 놀고 간 후 땅바닥을 기어다니면서 표적을 찾았다. 그녀는 이렇게 해서 땅바닥의 구석구석까지 모조리 외워 버렸으며 그리고 얼마후 달리기도 지지 않게 되었다. 책을 읽을 때에도 큼직한 활자의 책을 눈썹에 닿을 만큼 가까이 가져다 대야 했다. 그러나 그녀는 미네소타 대학의 문학 학사, 콜롬비아 대학의 문학 석사 학위를 받았다.

처음 그녀는 미네소타 주 촌락에서 교사 일을 했다. 그리고 마침

내 사우드 다코타 주 수폴즈의 오우거스티나 대학 신문학과의 문학 교수가 되었다. 그녀는 이곳에서 13년 간 강의를 했다. 그리고 부인 클럽에서는 강연을, 라디오에서는 책에 대해 방송을 했다.

"나는 완전히 소경이 되지 않을까 하는 끊임없는 공포에 사로잡혔다. 이 공포를 극복하기 위해서 나는 약간 경솔함에 가까울 정도로 쾌활하려 애썼다."

1943년, 그녀가 52세 때 기적이 일어났다. 유명한 메이어 진료소에서 수술을 받은 결과 과거보다 40배나 잘 볼 수 있게 되었다. 새롭고 아름다운 세계가 그녀 앞에 펼쳐졌다. 그녀에게는 부엌에서 접시 닦는 일마저도 몸이 들썩들썩할 만큼 즐거운 것이었다.

"나는 접시 위의 하얀 비누 거품을 만지작거린다. 그리고 그 속에 손을 넣어 비누 거품을 떠올린다. 그것을 손으로 떠서 햇빛에 비치면 그 속에서 자그마한 무지개의 빛나는 색채를 볼 수 있다."

그녀는 부엌 창문을 통해 펄펄 내리는 눈과 그 속으로 날개를 푸드덕거리면서 날아가는 작은 참새를 보았다고도 쓰고 있다.

비누 거품이나 참새를 본 것만으로도 환희에 사로잡혔던 그녀는 그녀의 저서의 최종 페이지를 '사랑하는 하나님이여, 하늘에 계신 우리 아버지여, 나는 당신에게 감사드립니다. 나는 당신에게 감사드린다고 속삭입니다.' 라고 끝맺고 있다.

접시를 닦을 수 있고, 거품 속의 무지개가 보이고, 눈 속의 참새가 날아가는 것을 볼 수 있으므로 하나님께 감사드린다는 것이다.

16

이 세상에 나는 오직 하나

한번은 북 캐롤라이나 주 마운드 에어리의 에디스 알렛 부인으로부터 다음과 같은 편지를 받았다.

"어린 시절 나는 대단히 신경질적이고 부끄러움을 잘 타는 편이었다. 게다가 몸이 무겁고 볼이 부어 있어 뚱뚱보처럼 보였다. 헤어 스타일은 구식이었고, 어머니는 사치스러운 옷을 입는 일을 무슨 변으로 알고 있었다.

어머니는 언제나 '큰 것은 입을 수 있어도 작은 것은 찢어진다'라며 언제나 내게 큰 옷만 입혔다. 나는 파티에 간 적도 없었고 재미있는 일도 없었다. 심지어는 학교에서 다른 아이들과 어울릴 수 있는 운동이나 과외활동조차도 하지 않았으니 말이다. 나는 병적일 만큼 내성적이어서 다른 사람과 나는 '다른' 존재이며 언제나 따돌림을 받는다고 생각했다.

나이가 들어 일곱 살 연상의 남편과 결혼했지만 내 성격은 조금도 변하지 않았다. 아버지의 친척들은 모두 늠름하며 자부심이 강한 사람들이었고, 그들은 나의 이상이었다. 나는 그들처럼 되려고 최선을 다했지만 쉽지 않았다. 그들이 가까이 다가오면 다가올수록 나는 더 기가 죽어 차차 멀어지기 일쑤였다. 나는 신경질적이 되어 걸핏하면 화를 냈고 친구들도 피했다.

차차 그런 증세가 심해지자 현관의 초인종 소리마저도 겁이 났다. 나는 확실히 열등인이었다. 남편이 이 같은 내 성격을 눈치챌까 봐 걱정이었다. 그래서 다른 사람이 있는 앞에서는 억지로 쾌활한 척 행동을 했고 결국 과장된 행동을 하게 되었다. 그것 때문에 또 오랫동안 비참해해야 했다. 그러던 어느 날, 나는 자살을 결심하게 되었다."

그렇다면 무엇이 이 불행한 부인의 생활을 바꾸었을까? 그 전환점은 우연히 다가왔다.

"그러던 중 우연히 들은 한 마디 말이 나의 인생을 바꿔 놓았다. 어느 날, 시어머니는 내게 어떻게 아이들을 길렀는지를 이야기해 주셨고 어떤 경우에도 자신은 자신이어야 한다고 역설했다. 그리고 바로 그 자신은 자신이어야 한다는 말이 나를 변화시켰다. 지금까지 나는 억지스럽게 꾸며낸 성격에 스스로를 처넣으려고 했고 그럼으로써 자신을 불행하게 만들었던 것이다.

나는 당장 그날 밤부터 변했다. 나는 자기 자신이 되려고 애썼고 내 성격을 연구해 스스로의 인간됨을 알려고 했다. 또한 내 장점에 대해 생각하고 색채와 스타일을 연구해 내게 알맞은 복장을 찾아낸 뒤 친구를 사귀기로 결심했다.

얼마 후 나는 부인회에 가입했다. 그리고 발표자 프로그램에 내 이름이 올랐다. 깜짝 놀랄 만한 일이었다. 수 차례 발표를 진행하는 동안 자신감도 생겼다. 이렇게 되기까지 오랜 시간이 걸렸지만 지금은 전에 상상조차도 할 수 없을 정도로 행복하다. 나는 내 자식에게도 이 어떤 경우에도 자신은 자신이어야 한다는 말을 가르치고 있다."

오랜 역사와 함께 인간의 생명처럼 보편적이다라는 제임스 고든 길버트 박사의 말을 보자. 이를 거역할 경우 많은 이들이 신경질, 정신이상, 강박관념에 시달리게 된다.

아동 교육에 관한 많은 저서와 논문을 발표한 안젤로 패돌리는, 자기의 마음과 육체를 버리고 자기 이외의 인간이 되고 싶어하는 인간만큼 비참한 사람은 없다고 말하고 있다.

특히 헐리우드는 이런 면에서 볼 때 주목할 만한 곳이다.

감독 샘 우드는 야심적인 젊은 배우들에게, 무엇보다 자신은 자기 자신이어야 한다고 설득하는 일이야말로 가장 귀찮고 힘든 일이라고 말한다. 그들은 모두 제2의 라나 타나, 제3의 클라크 케이블이 되고 싶어하기 때문이다. 그러나 '이미 그런 풍미를 맛본 관객들은 무언가 다른 것을 바라고 있다'고 샘 우드는 말한다.

샘 우드는 〈지프스 선생, 안녕〉, 〈누구를 위하여 좋은 울리나〉 등을 감독하기 전, 오랫동안 부동산 매매업에 종사했고 따라서 세일즈맨으로서의 요령을 알고 있었다.

그는 영화계도 실업계와 다르지 않다고 말한다. 원숭이 흉내내기 식의 연기는 어떠한 도움도 되지 않는다는 것이다. 또한 자기가 아닌 모습으로 위장하고 있는 사람은 될 수 있는 대로 빨리 해고시켜 버리는 편이 안전하다고 그는 말하고 있다.

나는 최근 소커니 바큠 석유 회사의 인사 담당 이사 폴 포인트에게 취직 희망자가 흔히 범하는 최대의 실수에 대해 물어 보았다. 그는 거의 6만 명의 구직자를 면접했고 〈취직할 때의 요령〉이라는 책까지 낸 사람이었다. 그는 이렇게 대답했다.

☑ 자신의 진모습이 아닌 위선적인 모습을 내보이는 것이 가장 큰 실수이다. 그들은 침착하고 솔직해야 함에도 면접자의 비위에 맞는 대답만 한다.

누구도 야바위꾼이나 사기꾼 같은 신입사원을 필요로 하지 않는다. 진짜인 것처럼 교묘히 만든 위조지폐를 탐내는 사람도 없다.

실례로, 한 전차 차장의 딸 이야기를 보자.

그녀는 원래 가수를 지망했지만 불행하게도 용모가 시원찮았다. 입은 너무 컸고 더욱이 뻐드렁니였다. 그녀는 뉴저지의 어느 나이트 클럽에서 처음으로 사람들 앞에서 노래를 부르게 되었을 때 윗입술로 뻐드렁니를 감추려고 했었다. 그 결과 매혹적인 몸짓에도 불구하고 우스꽝스러워지고 말았다.

노래가 끝나자 한 신사가 말했다.

"여보시오. 노래는 잘 들었소만 아무래도 감추려고 하는 게 있군요, 바로 그 이빨 말이오."

그녀는 안절부절못했지만 상대는 계속해서 말했다.

"뻐드렁니가 어떻단 말이오? 억지로 감출 필요가 없소. 마음 내키는 대로 입을 벌리고 노래를 부르시오. 아마도 그렇게 되면 청중들은 당신에게 찬사를 보내게 될 거요. 지금 당신이 감추려고 하는 그 이빨 때문에 운이 트일지도 모를 일이오."

결국 그녀는 그 신사의 충고에 따라 이빨에 신경을 쓰지 않고 노래를 불렀다. 결국 그녀는 영화와 라디오의 대 스타가 되었다. 다름아닌 갸스 다아레의 이야기다.

언젠가 윌리엄 제임스는 보통 사람들은 그들의 잠재 능력의 10퍼센트밖에 발휘하지 못한다고 이야기했다. 이것은 자아를 발견하지 못하는 사람들을 염두에 둔 이야기다.

그는 이렇게 쓰고 있다.

"내부의 가능성을 염두에 둔다면 우리는 반각성(半覺醒) 상태에 있는 것이다. 우리는 육체적, 정신적 자원의 조그만 부분밖에 이용하지 못한다. 개괄적으로 말하면 인간은 그의 한계에서 멀리 떨어진 곳에서 생활하고 있다. 인간은 여러 종류의 힘을 가지고 있지만 대체로 그것을 이용하지 못하고 있다.”

이처럼 당신은 새롭고 불가사의한 존재다. 창세기 이래 당신과 똑같은 인간은 없었고 또 앞으로도 나타나지 않을 것이다. 오늘날의 유전과학은 부모로부터 받은 마흔네 가지의 염색체에 의해 당신의 성격이 결정되었다는 것을 말해주고 있다.

암랑 샤이펠트는 말한다.

✓ 염색체 하나 하나에는 수십 또는 수백의 유전 인자가 있고 그 중 하나가 개인의 전 생애를 바꿀 수가 있다. 인간이라는 존재는 놀라울 만큼 불가사의하다.

당신의 아버지와 어머니에게서 당신이라는 특별한 인간이 태어날 확률은 30조(兆)의 1 정도이다. 다시 말해 당신에게 30조 명의 형제 자매가 있다고 해도 모두 당신과는 다르다는 것이다. 이것은 한낱 추정이 아닌 과학적인 사실이다. 만일 이에 대해 더 알고 싶다면 알랑 샤이펠트의 〈인간과 유전〉이라는 책을 읽어 보자.

이제부터는 내 얘기를 해보겠다.

머리가 굵어질 쯤 나는 미주리의 옥수수 밭에서 벗어나 뉴욕에 첫발을 내딛었다. 그리고 아메리칸 아카데미 오브 드라마틱 아트 스쿨에 입학했다. 나는 배우가 되고 싶었고 그만큼 간단하고 확실하게 성공의 길로 들어서는 방법은 없으리라 생각했다. 또한 왜 다른 야심찬 청년들이 왜 나처럼 하지 못하는지 이상했다.

나는 일단 당대의 명배우 존 도류, 웨다 함덴, 오치스 스킨너 등이 연기하던 방법을 연구했다. 그리고 그들의 장점만을 흉내내어 멋지고 훌륭한 연기의 종합체가 되기로 했다. 그러나 이것은 아주 어리석은 짓이었다.

그렇다면 이후에는 이 경험을 토대 삼아 올바른 길을 찾았을까? 그렇지 않았다. 나는 너무 우둔했던 나머지 똑같은 실수를 두 번이나 되풀이했다. 나는 여러 해 동안 실업가를 위한 화술에 관해 전무후무한 좋은 책을 내려고 생각하고 있었는데 이 책을 쓸 때도 같은 어리석음을 다시 범했다. 나는 수많은 저서들의 아이디어를 뽑아 하나로 정리해 완벽한 책을 만들고자 했던 것이다. 결국 나는 화술에 관한 서적을 수십 권 사들여 정리하는 데만 1년 이상을 허비했다. 그리고 그러는 동안 나의 어리석음을 깨달았다.

다른 사람의 아이디어를 재탕한 책이라! 이는 정말로 재미가 없었고 따라서 누구도 읽어 주지 않을 것 같았다. 그래서 나는 1년 동안 힘들여 쓴 원고를 휴지통으로 쓸어 넣고 다시 시작했다. 나는 자신을 타일렀다.

☑ 너는 카네기가 되어라. 결점과 한계를 마음에 두지 말라. 너는 너 자신 이외의 사람이 될 수 없다.

나는 결국 남들의 종합체가 되려는 노력을 그만두고 분발하여 다시금 새로운 일에 착수했다. 나는 내 자신의 경험, 즉 관찰, 강연 및 연설 경험을 토대로 화술에 관한 교과서를 썼다. 그리고 서어 월터 라레(진흙길에 웃옷을 벗어 여왕에게 그 위를 걷게 했던 그 풍류객이 아니다. 그는 1940년 옥스퍼드 대학의 영문학 교수였던 동명의 사람이다)가 얻었던 교훈, 나는 셰익스피어와 같은 양의 서적을 쓸 수는 없지만 내 책은 쓸 수가 있다라는 말을 마음 깊이 새겼다.

그렇다면 이번에는 어빙 바린과 고 조지 커슈인의 교훈을 보자.

이 이야기는 두 사람이 처음 만났을 때로 돌아간다. 그때 바린은 이미 유명해진 뒤였지만 커슈인은 베를린의 시골에서 주급 35달러의 박봉을 받으며 생활에 허덕거리는 젊은 작곡가였다. 바린은 커슈인의 재능에 탄복하여 현재 급료의 세 배를 낼 테니 자신의 음악 비서가 되어달라고 말했다. 그러나 동시에 '사실 이 일은 맡지 않는 편이 좋을 걸세'라고 충고했다.

☑ 자네가 이 일을 맡게 되면 바린의 2류 품이 될 염려가 있어. 그러나 끝까지 자기 자신을 지켜 간다면 언젠가는 제일의 커슈인이 될 걸세.

커슈인은 그 충고를 마음에 새겨듣고 스스로를 당대의 특색 있는 미국 작곡가로 키워냈다.

찰리 채플린, 윌 로저스, 메리 마가렛, 진 오들리 역시 쓰라린 경험을 통해 이 교훈을 배웠다.

찰리 채플린이 처음으로 영화에 출현했을 때 감독은 당시 인기 있었던 독일 희극 배우의 흉내를 내라는 명령을 하였다. 그러나 채플린은 그의 독특한 연기를 고수함으로써 세상에서 알려졌다.

보브 호프도 같은 경험을 했었다. 그도 처음에는 노래하며 춤추는 연기를 했지만 별 인기를 끌지 못했고 이후 그만의 독특한 경구 만담을 발휘한 뒤에야 인기를 얻었다.

윌 로저스는 몇 년 동안이나 무대 뒤에서 한 마디의 말도 없이 로프만 꼬고 있었다. 그는 이 같은 자신의 생활에 유머와 위트를 가미해 로프를 이리저리 비비며 환담을 하다가 인기를 얻었다.

메리 마가렛 맥브라이트는 처음 방송에 나갔을 때 아일랜드의 비극 배우가 되려 했다. 그리고 이는 실패로 끝났다. 그러나 이후 그녀는 미주리 태생의 시골 처녀가 되었고 결국 뉴욕에서 가장 인기 있는 라디오 스타 중 한 사람이 되었다.

진 오들 리가 텍사스 사투리를 감추고 도시인 행세를 하며 뉴욕 태생이라고 꾸몄을 때 세상 사람들은 그를 냉소했다. 그러나 밴조를 안고 카우보이의 노래를 부르는 순간, 그는 영화와 라디오에서 세계에서 으뜸가는 카우보이가 되었다.

거듭 강조하지만 당신은 이 세상에서 새롭고 유일한 존재다. 그리고 그것을 기뻐함과 동시에 주어진 것을 최대한 활용해야 한다.

정신 분석에 의하면 모든 예술은 자서전적이다. 당신은 오직 당신의 것만을 노래하고 묘사할 수 있다. 당신은 당신의 경험, 환경, 유전에 의해 만들어진 존재다. 좋든 나쁘든 그것은 주어진 운명이며 당신은 이 운명을 보다 풍요로운 오케스트라로 펼쳐가야 한다.

질투는 무지이며 모방은 자살이다. 그러므로 좋든 나쁘든 자기에게 주어진 운명을 알고 광대한 우주에 좋은 것이 충만하더라도 그 자신의 곡식은 주어진 좁은 땅에서 노력으로 거두어지는 것에 불과하다는 것을 알아야 한다. 자신 속에 잠재하는 힘은 늘 새로운 것이며 자신이 무엇을 할 수 있는가를 아는 사람은 오직 자신뿐이지만 그것마저도 시험하기 전에는 알지 못한다.

이상은 에머슨의 말이지만 시인인 더글라스 마로크 또한 이렇게 쓰고 있다.

만일 당신이 언덕 위의 소나무가 되지 못한다면
산골짜기 벼랑 아래의 잡목이 되어라.
그러나
개천 가의 가장 좋은 소나무가 되어라,
관목이 되어라, 만일 나무가 되지 못하거든.

만일 당신이 관목이 되지 못한다면 작은 풀이 되어라.

그리고 길거리를 보다 아름답게 만들라.

만일 당신이 사향이 되지 못한다면 갈대가 되어라.

그러나 호수에서 제일 생생한 갈대가 되어라!

우리 모두가 선장이 될 수는 없다,

그 중에 선원이 될 사람도 있겠지,

그러나 모두가 할 일은 있겠지.

큰 일도 있고, 작은 일도 있으리라,

그래서 해야 할 일은 모두 마찬가지다.

만일 당신이 큰 길이 되지 못한다면 자그마한 오솔길이 되어라.

만일 당신이 태양이 되지 못한다면 별이 되어라.

실패와 성공은 크기로 나눌 수 없다,

무엇이 되든 가장 좋은 것이 되어라.

17

핸디캡으로 성공을!

이 책을 집필하던 어느 날, 나는 시카고 대학을 방문해 로봇 메이나드 하친스 총장을 만나 고민을 어떻게 처리하는가를 물었다. 그러자 그는, "나는 시아스 로바크 앤드 컴퍼니의 사장인 고 줄리어스 로젠월드의 충언 레몬이 있으면 레몬수를 만들라라는 말을 명심하고 있다"고 대답했다.

그러나 어리석은 사람은 이와 정반대의 행동을 한다. 인생이 레몬을 주면 그것을 던져버리고 "나는 졌다. 이것도 운명이다. 이제 기회는 없다"고 말한다. 그리고 세상을 원망하며 자기연민에 빠진다. 한편 현명한 사람은 레몬을 받고 자문한다.

"이 불행으로부터 어떤 교훈을 배워야 할까? 어떻게 하면 이 상태를 개선시킬 수 있을까? 어떻게 하면 이 레몬을 레몬수로 바꿀 수 있을까?"

일생을 인간의 잠재 능력 연구에 소비한 위대한 심리학자 알프레드 아들러는 인간의 가장 놀랄 만한 특성의 하나는 마이너스를 플러스로 바꾸는 힘이다라고 설명하고 있다.

뉴욕에 살고 있는 셀머 톰슨의 이야기를 보자.

"전쟁 중 나의 남편은 캘리포니아의 모제브 디저트에서 가까운 육군 교련소에 배속되어 있었습니다. 나는 남편 가까이 있고 싶어 그곳으로 이사를 갔습니다만 아무래도 맘에 들지 않았어요. 못마땅한 점은 이루 말할 수도 없었지요. 남편이 모제브 디저트에서 훈련에 참가하는 바람에 나는 움막집에 혼자 남게 되었습니다. 선인장 그늘의 온도가 1백25도를 넘는 심한 더위였는데 이야기 상대라고는 멕시코인과 인디언뿐, 그것도 영어는 통하지도 않았습니다. 바람은 불고 음식은 물론 공기조차도 모래로 가득 찼습니다. 나는 내 신세를 한탄하면서 부모에게 아무래도 참을 수 없으니 곧 집에 돌아가겠으며 이곳에 있을 바에야 형무소가 훨씬 낫다고 호소하는 편지를 썼지요. 그 편지에 대한 아버지의 대답은 겨우 두 줄이었습니다. 그러나 그 두 줄의 답장이 제 인생을 바꾸어 놓았습니다.

✓ 두 사람의 남자가 형무소 창문을 통해 밖을 바라보았다.
한 사람은 진흙을, 한 사람은 별을 보았다.

이 글을 몇 번이고 되풀이해 읽고 나자 제 자신이 부끄러워졌습니다. 그리고 내 삶에서 아버지가 말씀하신 별을 찾기로 결심했습니다. 나는 그곳의 원주민들과 친구가 되었습니다. 내가 뜨개질이나 도자기에 흥미를 보이자 그들은 여행자에게도 팔지 않던 귀중한 물건들을 이것저것 선물했어요. 또 선인장과 여호수아 나무들의 재미있는 모양을 연구하기도 했습니다. 그러다가 다시 풀마르모트에 대한 것도 조사해 보고 사막의 낙조를 바라보기도 하고 몇백만 년 전의 옛날, 사막이 바다였을 때 남겨진 조개 껍질을 찾기도 했습니다.

도대체 무엇이 내게 이런 놀라운 변화들을 가져다 준 것일까요. 모제브 디저트도 그리고 인디언들도 달라진 것은 없었습니다. 그러나 나는 변했습니다. 마음가짐을 바꿨기 때문입니다. 비참했던 생활을 내 생애 가장 즐거운 모험으로 바꾼 것입니다. 나는 내가 발견한 새로운 세계로 인해 흥분되었고 너무나 감격한 나머지 그것을 소재 삼아 〈빛나는 성벽〉이라는 소설을 쓰게 되었습니다. 나는 내가 만들었던 형무소 창문을 통해 별을 찾아낸 것입니다.”

셀머 톰슨은 그리스도가 태어나기 5백 년 전 한 희랍인이 가르쳐준 낡은 진리, 즉 가장 좋은 일은 가장 어렵다는 사실을 발견한 것이다. 20세기에 들어서는 하리 에머슨 허스딕이 그것을 재론했다.

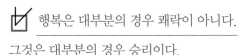

행복은 대부분의 경우 쾌락이 아니다.
그것은 대부분의 경우 승리이다.

다음은 레몬을 레몬수로 바꾼 또 다른 사람, 플로리다의 한 농부이야기다. 그는 농장을 인수했지만 도무지 의욕이 나지 않았다. 땅은 몹시 척박해 과수 재배도 돼지를 기르는 것도 불가능했다. 번성한 것은 오직 자그마한 느릅나무와 방울뱀뿐이었다.

그때 그는 한 가지 기발한 생각을 해냈다. 이 귀찮은 물건을 재산으로 바꾸는 일, 즉 방울뱀을 이용해야겠다는 생각이었다. 그리고 현재 그의 방울뱀 농장에는 1년에 20만 명의 여행자들이 찾아온다. 또한 독사의 이빨에서 뽑은 독은 제독용 독소로 각 지방의 연구소에 보내졌고 가죽은 부인용 구두와 핸드백 재료로 비싼 값으로 거래되고 있다. 그런가 하면 뱀 고기 통조림도 전 세계의 고객들에게 반출되고 있었다. 이 마을 사람들은 독이 있는 레몬을 레몬수로 바꾼 이 사나이를 기념하기 위해 마을 이름을 플로리다 주 '방울뱀 마을'이라고 고쳐 부르고 있었다.

〈신들을 배반한 열두 사람〉의 저자 윌리엄 보리스는 이렇게 말한다.

☑ 이익을 자본화하지 말라. 그런 일은 바보도 할 수 있다.
참으로 귀중한 일은 손실에서 이익을 올리는 것이다.
그러기 위해서는 지혜가 필요하다. 그것이 분별 있는
사람과 부족한 사람의 차이다.

보리스는 이 말을 할 당시 철도 사고로 한쪽 다리를 잃은 뒤였다. 그러나 나는 양쪽 다리를 모두 잃고도 마이너스를 플러스로 바꾼 사람을 알고 있다. 그는 벤 포드슨이라는 사나이로, 나는 그를 조지아 주 애틀란타의 어느 호텔 엘리베이터 안에서 만났다.

엘리베이터를 탔을 때 바퀴 달린 의자에 앉은 사내가 싱글벙글 웃고 있는 것이 눈에 띄었다. 엘리베이터가 멎자 그는 '좀 비켜 주시오. 부딪히면 곤란하니까' 라고 말했다. 내가 비켜주자 그는 '대단히 감사합니다' 라고 쾌활한 미소를 띤 채 밖으로 나갔다.

나는 내 방으로 돌아오고 나서도 그의 모습이 머리에서 떠나지 않아 결국 그의 방을 찾아갔다. 그는 미소를 지으며 말했다.

"1929년에 일어난 일입니다. 뜰에 있는 콩밭에 박을 말뚝을 만들기 위해 호두나무를 베러 갔습니다. 나무를 잘라 자동차에 싣고 돌아오는 도중 나무 하나가 차 밑으로 굴러 떨어져 급커브를 돌려고 했지만 핸들이 말을 듣지 않더군요. 결국 차가 둑 밑으로 굴러 떨어지는 바람에 나는 나무에 부딪혔습니다. 그리고 등뼈를 다쳐 한 발자국도 걸을 수 없게 되었습니다. 24세 때의 일이었지요."

나는 놀라움을 감추지 못했다. 이어서 나는 어떻게 그 사고를 이겨내고 그처럼 쾌활한 성격을 가지게 되었냐고 질문했다.

"처음엔 힘들었어요."

그 역시 한때 운명을 저주했다. 그러나 날이 갈수록 그것이 자신을 괴롭힐 뿐이라는 것을 깨달았다.

"사람들이 친절하게 배려를 해주자 나도 사람을 친절하게 대해야 겠다고 마음을 먹었습니다."

오늘날, 이 사고를 무서운 불행이었다고 생각하는가를 묻자 '아니오, 이제 와서는 도리어 기뻐할 정도입니다'라고 대답했다.

그는 충격과 원한에서 회복되자마자 새로운 생활을 시작했다. 특별히 문학을 좋아하게 되어 14년 동안 1천4백 권을 독파하기도 했다. 문학 작품들은 그의 시야를 넓혀 주었고 그는 이를 시작으로 전에는 상상도 하지 못했던 다양한 생활을 즐겼다. 음악에 조예를 쌓아 전에는 지루하게 느껴졌던 교향악에서 감동을 느끼게 되었다. 그러나 무엇보다도 큰 변화는 주변의 사물들에 대해 생각하는 시간을 가지게 되었다는 점이었다.

"난생 처음으로 나는 이 세계를 지켜보고 사물의 가치를 판단하게 되었습니다. 그리고 옛날에 내가 얻고자 했던 것 대부분이 아무런 가치가 없다는 것도 깨닫게 되었습니다."

그는 정치에도 흥미를 가지게 되었고 공공 문제를 연구하며 바퀴 달린 의자로 유세를 다녔다. 그가 가는 곳마다 많은 사람들이 모였고 이후 조지아 주의 국무장관이 되었다.

지난 35년 간 뉴욕에서 성인 교육에 종사하면서 한 가지 깨달은 것은 클래스 사람들 다수가 대학 교육을 받지 못한 것을 유감스럽게 여기고 있다는 사실이었다. 그들은 그것을 대단한 핸디캡으로 생각하고 있었다. 그러나 내 견해는 다르다. 고등학교 출신으로 성공한 사람들이 얼마든지 있기 때문이다. 나는 곧잘 학생들에게 초등학교도 제대로 나오지 못한 이 사내의 이야기를 들려주곤 했다.

그는 가난한 가정에서 태어나 빈곤한 생활을 했다. 아버지가 돌아가셨을 때 친구들이 돈을 모아 관을 사주었을 정도였다. 부친이 사망하자 어머니는 우산 공장에서 하루 열 시간씩 일을 했다. 그리고 그 일이 끝나면 또 삯일을 집에 가지고 와 밤 열한 시까지 일을 했다.

이 같은 환경에서 자란 소년은 가까운 교회 클럽의 연극에 출연하게 되었는데 그것에 열중한 끝에 화술을 하기로 결심했다. 이로 인해 그는 정치에도 흥미를 가지게 되었으며 30세 때 뉴욕 주 의원에 당선되었다. 그러나 그는 이 직책을 수행할 만한 기초가 부족했고 모든 것이 오리무중이라고 고백할 정도였다. 그는 찬반 투표를 진행하고 길고 복잡한 의안을 읽기는 했지만 도무지 뭐가 뭔지 이해할 수가 없었다. 그에게 이 모든 것은 알아들을 수 없는 사투리와 같았다. 또한 숲 속에 발을 내딛어 본 적도 없는데 삼림법 위원에 뽑혔고 은행 거래도 없었는데 주립 은행법 위원에 뽑히기도 했다.

그는 고민하지 않을 수 없었다. 그러나 어머니에게 쓰라린 패배를 고백하는 것이 부끄러워 사직만은 피했다. 절망 끝에 분발한 그는 하루 16시간씩 공부을 했고 무지의 레몬을 지식의 레몬수로 바꾸기로 결심했다. 그리고 꾸준히 노력한 결과 그는 범국민적 명사 알 스미드로 거듭났다. 〈뉴욕 타임스〉는 그를 '뉴욕에서 가장 인기 있는 시민'이라고 호칭했다.

그는 독학으로 정치 연구를 시작해 십 년 뒤에는 뉴욕 주의 정치에 관한 한 최대 권위자가 되었고 네 번이나 뉴욕 주지사에 당선되었다. 실로 놀라운 기록이다. 1928년에는 민주당 대통령 후보에까지 올랐으며 콜롬비아 · 하버드 등을 포함한 여섯 개의 대학이 초등학교밖에 졸업하지 못한 이 사나이에게 명예 학위를 수여했다.

그는 나에게 만일 마이너스를 플러스로 바꾸기 위해 하루에 16시간이나 맹렬히 공부를 하지 않았더라면 이와 같이 되지 못했으리라 고백했다. 니체 역시 궁핍을 견딜 뿐만 아니라 그 궁핍조차도 사랑하는 자가 초인이다라고 했다.

성공한 사람의 경력을 연구하면 할수록 나는 다음과 같은 사실을 확신하게 되었다. 실로 많은 사람들이 핸디캡으로 인해 성공한다는 것이다. 그것은 노력과 성공에의 자극제가 된다. 윌리엄 제임스에 의하면 약점 그 자체가 뜻밖에도 우리를 돕는다고 한다. 그렇다. 밀턴은 소경이었기 때문에 보다 뛰어난 시를 썼고 베토벤은 귀머거리였기 때문에 보다 뛰어난 음악을 만들었는지도 모른다. 헬렌 켈러의 훌륭한 생애는 소경과 귀머거리였기 때문에 가능했으리라.

만일 차이코프스키가 비극적 결혼 때문에 의기를 상실하고 자살 직전까지 가지 않았더라면 아마도 그는 불후의 명작 〈교향곡 비창〉을 작곡하지 못했을지도 모른다. 또한 도스토예프스키나 톨스토이가 고난의 생활을 맛보지 못했더라면 아마도 저 불후의 소설을 쓰지 못했을지 모른다. 한 학자는 말한다.

"만일 내가 대단한 병약자가 아니었더라면 이 정도의 성과를 얻지 못했을 것이다."

이것은 찰스 다윈의 말이다. 그리고 다윈이 영국에서 태어난 날, 또 한 아이가 켄터키 주 삼림의 통나무집에서 태어났다. 그는 에이브러햄 링컨으로, 그 역시 자기의 약점으로 인해 성공했다. 만일 그가 상류 가정에서 자랐다면 그리고 하버드 대학에서 학사의 칭호를 받고 행복한 결혼 생활을 보냈더라면 게티즈버그 연설 때 그의 불후의 명언은 아예 가슴속에 떠오르지 않았을지도 모른다. 또 두 번째의 대통령 취임식 석상에서 저 고귀한 구절을 입에 올리지 못했을는지도 모른다.

"어떤 사람에게도 악의를 품지 말고 만인에게 자애를."

하리 에머슨 허스딕은 〈사물을 꿰뚫어 보는 힘〉이라는 저서에서, "스칸디나비아에는 북풍이 해적을 만든다라는 격언이 있다. 이것은 우리들의 생활에 대한 일종의 격려다. 안전하고 유쾌한 생활, 안일함 따위가 인간을 선하고 행복하게 만든다는 관념은 도대체 어디로부터 나온 것일까. 자기 연민에 빠진 인간은 푹신한 쿠션 위에 누워서도 여전히 자신을 가엽게 여긴다. 그러나 역사를 통해서도 알 수 있지만 인간은 책임을 짊어지면 성격과 행복과는 선과 악의 무관심을 묻지 않고 모든 경우의 사람에게 찾아드는 것이다. 그러므로 나는 다시 강조한다, '북풍이 해적을 만든다'고."

설령 우리들이 완전히 의기 소침해서 레몬을 레몬수로 바꿀 수 있는 희망을 잃어 버렸다고 하자. 그래도 일단 시도는 해 보아야 한다. 시도 그 자체가 득(得)이며 설령 실패한다 하더라도 그 시도만으로도 얼마든지 미래지향적이 될 수 있다. 부정적 생각이 긍정적으로 변화하면서 창조적인 에너지가 솟아나온다. 또한 분주하게 생활할 때 지나간 일에 대한 후회를 잊게 된다.

세계적인 바이올리니스트 오오레 불은 파리에서 연주를 하던 도중 바이올린의 줄이 끊어지자 새 줄을 갈아 끼워 연주를 마쳤다. 그는 말했다.

그것이 인생인 것이다. 선이 끊어져도 줄로 무사하게 끝난다.

18

14일 만에 고민을 해결하는 방법

이 책을 쓰기 시작할 즈음 나는 '나는 이렇게 해서 고민을 극복했다'라는 주제에 맞는 가장 유익한 실화를 제공한 사람에게 3백 달러의 상금을 주겠다고 발표했다.

이 콘테스트의 심사위원은 동부 항공회사 사장 에디 리켄바이커, 링컨 기념 대학 학장 스튜어 맥레란드, 라디오 뉴스 해설자 H.V. 칼덴보트 세 사람이었는데, 응모 작품 중 두 편이 특히 우수하여 등급을 매길 수 없었으므로 결국 상금을 이등분했다. 그 가운데서 미주리 주 스프링필드의 C.R. 바든의 이야기를 소개한다.

"나는 아홉 살 때 어머니를, 열두 살 때는 아버지를 잃었다. 아버지는 사고로 돌아가셨지만 어머니는 집을 나간 것이다. 그 후로 나는 어머니와 어머니가 데리고 간 두 여동생과 다시는 만날 수 없었다. 집을 나간 지 7년째 되는 해 어머니가 처음으로 편지를 보내 왔다. 아버지는 이미 사고로 돌아가신 후였다.

어머니가 집을 나간 지 3년 째 되던 무렵, 아버지는 어느 사내와 고을에서 공동으로 조그마한 카페를 경영하고 있었다. 그러던 어느 날, 아버지의 동업자는 아버지가 여행을 하던 틈을 타서 카페를 팔고 자취를 감추었다. 친구들은 아버지에게 다급히 전보를 쳤고 아버지는 급히 돌아오는 도중 캔자스 살리나에서 자동차 사고로 돌아가셨다. 내게는 이모 두 분이 계셨는데 두 분은 가난하고 늙었을 뿐만 아니라 병으로 누워 있었는데도 흔쾌히 우리 삼 형제를 맡아 주셨다.

나와 어린 동생은 부모 없는 자식 취급당하는 것이 무엇보다도 두려웠는데 그것이 현실로 다가오고 말았다. 나는 잠시 동안 마을의 어느 가난한 가족과 함께 살았는데 불경기로 일터를 잃어 이들도 나를 양육할 여유가 없게 되었다. 그러자 고을에서 2마일 떨어진 농장의 로프진 부부가 나를 맡아 주었다. 로프진 씨는 일흔 살이나 된 노인으로 바이러스에 감염돼 온몸에 수포가 일어나 자리에 누워 있었다. 그는 나에게 '거짓말을 하지 않고 도둑질을 하지 않고 어른들 말을 잘 듣는다면' 자신의 집에 있게 해 주겠다고 말했다. 그리고 이 세 가지 규칙은 나의 바이블이 되었다. 나는 착실하게 그 말을 지켰다.

처음 학교에 간 날, 나는 집에 돌아와 젖먹이처럼 엉엉 울었다. 다른 아이들이 나를 코가 크다고 조롱하고, 벙어리라는 둥 부모 없는 고아라는 둥 욕을 했기 때문이다. 나는 화가 나서 당장 싸우려고 생각했다. 그러나 로프진 씨는 이렇게 말했다. 싸우지 않고 그 자리를 피한다는 것은 당장에 싸우는 것 이상으로 용기가 필요하다는 것을 잊지 말도록 하거라. 그래서 나는 싸움을 그만두기로 했다. 그러던 어느 날, 한 아이가 학교의 안뜰에서 한 줌의 닭똥을 내 얼굴에 뿌렸고 나는 그 아이를 실컷 두들겨 주었다. 그러자 친구 세 명이 생겼다. 그들은 그 자식이 나쁘다고 나를 두둔해 주었다.

어느 날 로프진 부인이 새 모자를 사주었고 나는 그 모자를 기분 좋게 쓰고 학교에 갔다. 그런데 키가 큰 여자 아이 하나가 내 모자를 벗겨 그 안에 물을 넣어 버렸다. 그 아이는 '너 같은 돌대가리는 적셔 주어야 돼. 혈액순환이 잘 되도록 말이야' 라고 말했다. 나는 비록 학교에서는 꾹 참았지만 집에 와서는 큰소리로 울었다. 그러자 로프진 부인은 간곡히 나를 달랬다. 그녀는 이렇게 말했다. '랄프, 네가 저 사람들의 일에 흥미를 가지고 그 사람들을 기쁘게 해준다면 그 사람들은 결코 너를 괴롭히거나 부모 없는 자식이라는 욕을 하지 않을 거다.' 나는 이 충고에 따라 부지런히 공부했고 우등생이 되었다. 또한 될 수 있는 대로 모든 사람을 위해 노력했다. 그 이후 아무도 나를 놀리는 사람이 없게 되었다.

나는 아이들의 글짓기를 도와주거나 연설의 초고를 써 주기도 했다. 같은 클래스의 한 친구는 내게 도움을 받는 것이 부끄러워 어머니에게는 다람쥐를 잡으러 간다고 말했다. 그리고는 로프진 씨의 농장에 와서 개를 광에다 잡아매 놓고 내게서 공부를 배웠다. 어떤 친구에게는 책에 대한 비평을 써 주기도 했다. 또 어떤 여학생은 나를 찾아와 며칠 밤이고 계속해서 수학을 배우기도 했다.

그러던 어느 날, 우리 이웃에 죽음의 그늘이 드리웠다. 늙은 농부 둘이 죽었고 한 여인은 남편에게 버림을 받은 것이다. 네 세대에 남자라고는 나 하나뿐이었다. 나는 할 수 없이 그 미망인들을 두 해 동안이나 도와 주었다. 학교에서 돌아오는 길에 그녀들의 농장에 들러 나무를 베거나 우유를 짰고 가축에게는 먹이와 물을 주었다. 나는 어느 집에서나 대접을 받았으며 해군에서 돌아왔을 때는 2백 명 남짓한 마을 사람들로부터 극진한 환영을 받았다. 그 가운데에는 80마일이나 떨어진 곳에서 차를 몰고 온 사람도 있었다. 그들은 마음 깊은 곳에 나에 대한 애정을 가지고 있었다. 나는 그 이후 이때까지 부모 없는 자식이란 말을 들어보지 못했다."

다음은 워싱턴 주 시애틀의 프랭크 루프 박사의 이야기다. 그는 관절염으로 13년간이나 병상에 누워 있었다. '시애틀 스타' 인 스튜어트 화이트하우스는 이런 편지를 보내 왔다.

"나는 가끔 루프 박사를 방문하고 있는데 박사처럼 즐겁게 인생을 즐기는 사람은 드물 것이다."

그는 오랫동안 병상에 있으면서 어떻게 인생을 즐겼을까? 두 가지를 생각해볼 수 있다.

하나는 불평과 짜증으로 그것을 견뎠으리라는 가정이다. 자기연민에 빠져 타인으로부터 받들어지는 것을 원하는 것 말이다. 그러나 그는 달랐다. 그는 영국 황태자와 같이 '나는 봉사한다' 라는 말을 좌우명으로 삼고 병에 시달리는 사람들의 주소와 이름을 모아 위문 편지를 보냄으로써 쾌활함을 되찾았다. 그는 병자를 위한 펜팔회를 조직하여 서로 편지를 쓰게 했고, 마침내는 그것을 '농거협회' 라는 국제 조직으로까지 발전시켰다.

그는 병상에 있으면서 1년에 평균 1만 4천 통의 편지를 썼고 외출할 수 없는 병자들을 위해 라디오나 서적을 보내 줌으로써 수천 명의 병자에게 기쁨을 안겨 주었다.

그렇다면 루프 박사가 보통 사람과 다른 것은 어떤 점인가? 루프 박사에게는 목적과 사명이 명확한 정열이 있었다. 그는 자신이 실제의 자신보다 훨씬 고귀하고 훨씬 뜻 있는 생각에 몰두하고 있다는 기쁨을 느끼고 있었다.

이것은 버나드 쇼가 '세상이 자기 행복을 위해서 약간의 힘도 보태 주지 않는다고 불평하며 짜증스런 나날을 보내는 자기 중심의 소인들' 이라고 비판한 사람들과는 전혀 반대인 것이다.

다음의 예시는 위대한 정신병 학자 알프레드 아들러가 발표한 놀랄 만한 보고문이다. 그는 항상 환자에게 '이 처방대로 하면 14일 안에 꼭 완쾌한다. 그것은 매일 어떻게 하면 남을 기쁘게 할 수 있는가를 생각해 보는 일이다' 라고 말했다.

여기서 그의 명저 〈인생이 뜻하는 것〉을 인용해 보기로 하자.

우울증은 타인에 대한 계속적인 분노와 비난 같은 것이다. 그렇다고는 하지만 보호와 동정과 지지를 얻기 위해서는 환자는 자기의 잘못에 따라 그것이 거부되고 있는 경향이 있다. 우울증 환자가 주로 기억하는 광경은 대개 다음과 같은 것들이다.

"긴 의자에 눕고 싶었으나 형이 그곳에 있었고 그래서 큰소리로 울었다. 그러자 형은 의자를 양보했다."

또한 우울증 환자는 자살로 자신에게 복수하고자 하는 경향이 있다. 그러므로 의사는 그들에게 자살할 구실을 주지 않아야 한다. 나는 일단 긴장 완화에 대한 첫 번째 조치로 '하고 싶지 않은 일은 결코 하지 말라' 고 제안했다. 어찌 보면 별 대단치 않은 말 같지만 사실 이 말은 모든 장해 해결의 핵심이다. 만일 하고 싶은 대로 할 수 있다면 누구를 원망하겠는가. 남에게는 물론이고 자기 자신에게도 분풀이를 할 수는 없지 않은가. 나는 이렇게 말한다.

"연극을 보고 싶으면 보러 가도 좋습니다. 놀러 가고 싶으면 놀러 가도 좋고요. 도중에 싫어지면 그만 두면 됩니다."

사실 이것은 누구에게나 권하고 싶은 방식이다. 이는 사람의 우월감을 만족시킨다. 그러나 때로는 그것이 그의 생활 형태에 쉽사리 맞지 않는다. 그는 다른 사람을 지배하고 비난하고 싶지만, 남들이 그에게 동의하면 그들을 지배할 방법이 없는 것이다. 이 법칙은 그들의 불안을 제거한다. 나의 환자 중 자살한 사람은 한 명도 없다.

대부분의 환자들은 '하고 싶은 일이 별로 없다' 고 대답한다. 물론 예

상대로다. '그러면 하기 싫은 일은 하지 않도록 하는 것이다' 때로는 '하루 종일 자고 싶다'고 대답하는 사람이 있다. 환자는 내가 무작정 좋다고만 해도 불만스러워하고 다짜고짜 부정해도 짜증을 낸다. 그래서 나는 일단은 동의한다.

그리고 그 다음 아래와 같은 말을 통해 보다 직접적으로 그들의 생활 방식에 공격을 가한다.

"이 처방을 따르면 반드시 2주 안에 완쾌합니다. 그것은 매일 어떻게 하면 남을 기쁘게 해줄 수 있는가를 생각해 보는 일입니다."

이 말은 그들에게는 아주 큰 의미로 다가올 것이다. 그들은 '어떻게 하면 남을 괴롭힐 수 있을까'만을 생각하고 있으니 말이다. 이에 대한 대답들은 대단히 재미있다. 어떤 사람은 '그런 것은 대수롭지 않소. 평생 해온 것이니까'라고 대답한다. 그렇지만 천만의 말씀이다. 그러므로 좀 생각해 보라고 권하면 아예 내 말을 따르지 않는다. 그래서 나는 그들에게 신중하고 부드러운 태도로 이렇게 말한다.

"밤에 잠이 오지 않는 시간을 이용해서 어떻게 하면 다른 사람을 기쁘게 할 수 있는가를 생각해 보십시오. 그것이 건강을 회복할 수 있는 첫걸음입니다."

다음날 나는 물어본다.

"어제 말한 대로 해 보셨습니까?"

그는 대답한다.

"침대에 들어가자 곧 잠들어 버렸소."

어떤 사람은 또 이렇게 생각한다.

"아무래도 할 수 없었어요. 나는 고민으로 가득 차 있으니까 말이오."

나는 또 다시 말한다.

"자신에 대해 고민하는 것도 좋지만 한편으로는 남의 일도 생각할 수 있지 않나요?"

나는 언제나 그들에게 다른 사람에게 관심을 가지도록 권장한다. 어떤 사람은 이렇게 말한다.

"왜 다른 사람을 기쁘게 하지 않으면 안 되는 거지요? 그들은 조금도 나를 기쁘게 하려고 하지 않는데."

내 대답은 이렇다.

"그것은 당신의 건강에 도움이 되기 때문입니다."

실로 '침대에 누워 천천히 생각해 보았다' 라고 대답하는 환자는 무척 드물다. 나는 환자의 사회적 관심을 증대시키는 데 많은 노력을 기울인다. 그들 병의 원인은 협동 정신이 결여된 때문이다. 만일 그들이 동료들과 평등하고 협동적인 위치에서 다시 결합할 수 있다면 그때는 반드시 완쾌될 것이다.

종교는 항상 '너의 이웃을 사랑하라' 고 말한다. 동료에게 관심을 가지지 않는 인간이야말로 최대의 고난을 맞이하게 될 것이며 다른 사람에게도 위험을 끼치게 된다. 인생의 모든 실패는 이러한 사람들로부터 비롯된다. 인간에게 요구하는 최고의 가치는 보다 좋은 협조자가 되라, 모든 사람의 친구가 되라, 연애와 결혼에서 참된 반려자가 되라는 것이다.

이처럼 아들러 박사는 일일 일선(一日一善)을 역설하고 있다.

그렇다면 선행이란 무엇인가? 예언자 모하메드는 착한 일이란 타인의 얼굴에 미소를 짓게 하는 행위다라고 했다.

어째서 매일 착한 일을 하는 것이 그 행위자에게 놀랄 만한 영향을 주는 것일까. 타인을 기쁘게 함으로써 스스로의 오뇌, 공포, 우울증의 원인을 생각하지 않게 되기 때문이다. 뉴욕에서 비서 양성소를 경영하고 있는 윌리엄 T. 문 부인은 채 2주일도 지나지 않아 자기의 고민을 몰아내기 위해 타인을 기쁘게 하는 방법을 생각해냈다. 그녀는 하루에 두 명의 고아를 기쁘게 해주었고 그로써 자신의 고민을 몰아냈다.

문 부인의 이야기를 들어 보자.

"5년 전의 12월, 나는 슬픔과 자기연민의 감정에 휩싸였다. 수년간 행복한 생활을 보냈건만 결국 나는 남편을 잃었다. 크리스마스가 다가오자 슬픔은 더해졌다. 나는 지금까지 혼자서 크리스마스를 지낸 적이 없었기 때문에 성탄절이 다가오는 것이 오히려 두려웠다. 친구들이 초대를 했지만 마음이 내키지 않았다. 크리스마스 이브가 가까워졌고 나는 더욱더 자기연민에 사로잡혔다. 오히려 내가 가진 것들에 감사해야 함에도 불구하고 말이다.

크리스마스 전날 나는 오후 세 시에 사무실을 나와 정처 없이 5번가를 걷고 있었다. 자기연민과 우울함을 덜어보자는 심산이었다. 거리는 명랑하고 행복한 군중들로 가득했다. 그러자 과거의 즐거웠던 추억이 되살아났다. 하지만 그것도 잠시뿐 쓸쓸하고 허전한 마음으로 아파트로 돌아가자니 생각만 해도 참을 수 없었다. 정말로 어쩌면 좋을지 알 수가 없었다. 눈물이 흘러내렸다. 한 시간 가량 정처 없이 걷다 보니 어느새 버스 종점에 와 있었다. 나는 곧잘 남편과 함께 단순히 모험심으로 아무 버스나 올라탔던 일을 생각했다. 그래서 우선 눈에 띠는 버스를 탔다. 허드슨 강을 건너자 차장이 '종점입니다, 아주머니' 라고 말했고 나는 차에서 내렸다. 이름조차 몰랐지만 그 거리는 아주 조용하고 평화로운 곳이었다. 나는 돌아오는 다음 버스를 기다리는 동안 주택가를 걷기로 했다. 교회 앞을 지나치자 문득 '고요한 밤' 의 아름다운 선율이 들려 왔고 나는 무심코 안으로 들어갔다. 교회 안에는 오르간을 켜는 사람 한 명만 있을 뿐이었다. 나는 조용히 의자에 앉았다. 찬란하게 꾸며 놓은 크리스마스 트리에서 빛이 흘러나와 주위의 장식들을 달빛에 춤추는 별처럼 보이게 했다. 은은히 흐르는 음악 소리는 졸음을 불러왔다. 나는 심신이 다 지쳐 있었기 때문에 그만 잠들고 말았다.

문득 잠에서 깬 나는 깜짝 놀랐다. 눈앞에는 크리스마스 트리를 보러 온 듯한 두 아이가 서 있었다. 한 여자아이가 나를 가리키며 '산타클로스가 데려왔나봐' 하고 말했다. 내가 잠에서 깨어난 것을 보고 아이들은 깜짝 놀란 듯했다. 나는 '괜찮단다' 하며 두 아이를 안심시켰다. 아이들은 남루한 옷을 입고 있었다. '아빠, 엄마는?' 하고 묻자 아이들은 '우리는 아빠, 엄마가 없어요' 하고 대답했다.

여기에 나보다 훨씬 가엾은 두 어린 고아가 있는 것이다. 그들을 보자 자기연민과 슬픔이 부끄럽게만 느껴졌다. 나는 그들에게 크리스마스 트리를 보여준 뒤 선물 가게로 데리고 가서 캔디와 선물을 사주었다.

나의 쓸쓸함은 마법처럼 사라졌다. 이 아이들은 수개월만에 나에게 행복과 내 감정에서 해방된 듯한 느낌을 가져다 주었다. 그들과 이야기하는 동안에 나는 자신이 얼마나 행복했던가를 깨달았다. 나는 내 어린 시절의 크리스마스가 부모의 사랑과 자비심으로 빛났다는 것을 하나님께 감사했다. 이들 고아는 내가 그들에게 해주었던 것보다도 훨씬 많은 행복을 내게 베풀어 주었으며 이 경험을 통해 나는 스스로를 행복하게 만들기 위해서라도 남들을 행복하게 해주어야 한다는 걸 깨달았다. 행복은 전염되는 것이었다."

또한 여기 미국 해군에게 가장 인기 있는 여성인 마가렛 타라 예쯔가 있다.

예쯔는 소설가였다. 그리고 일본군이 진주만을 공격했던 아침, 그녀에게 일어났던 일은 그녀의 그 어떤 소설보다도 흥미진진하다.

예쯔는 심장이 나빠 1년 전부터 병석에 누워 있었다. 그녀는 하루의 22시간을 침대에서 보냈고 일광욕을 하기 위해 뜰에 나가는 게 유일한 외출이었다. 물론 그때조차 하녀의 팔을 의지해 걷지 않으면 안 되었다. 그 당시 그녀는 죽을 때까지 폐인으로 지내야 하는 건 아닐까 걱정하고 있었다.

"만일 일본군이 진주만을 공격하지 않았더라면 나는 지금처럼 새 생활을 찾지 못했을 것이다. 사건이 일어날 당시 이곳은 혼란과 무질서 상태였다. 폭탄 하나가 내 집 아주 가까운 곳에 떨어졌고 나는 그 진동으로 침대에서 떨어졌다. 군 트럭이 육해군의 군인 가족들을 학교로 피난시키기 위해 히캄 필드, 스코필드 바락스로 직행했다. 적십자사는 피난자를 수용할 수 있는 여분의 방을 가진 사람들에게 전화를 걸었다. 적십자사의 사람들은 내 침대 옆에 전화가 있다는 사실을 알고 있었고 내게 정보 교환소 역할을 부탁했다. 그래서 나는 육해군의 가족들이 어디에 수용되어 있는가를 조사하기 시작했다.

한편 군인들은 그들 가족의 소식을 내게 문의해 왔다. 그러는 동안 나는 내 남편 로버트 라레 예쯔 함장이 무사하다는 사실을 알았다. 나는 남편의 안부를 염려하는 부인들을 격려하는 한편 많은 전사자들의 미망인을 위로하기에 바빴다. 이 전투로 말미암아 2백27명의 해군 장병이 전사하고 960명이 행방불명되었다.

맨 처음 얼마 동안은 침대에 누운 채로 전화를 받았지만 몹시 바빠지자 나는 병 같은 것은 잊어버린 채 일어나 책상 앞에 앉았다. 나는 나보다 훨씬 불행한 사람들을 돕는 일에 정신이 팔려 자신의 일을 잊고 있었던 것이다. 그리고 그 후로 나는 두 번 다시 잘 때를 제외하고는 침대에 눕지 않았다. 만일 일본군의 진주만 공격이 없었더라면 나는 평생 동안 반병신으로 지내야 했을 것이다.

침대 생활은 별로 괴롭지 않았다. 정성어린 간호 덕분이기도 했다. 그러나 지금 생각해 보면 그 때문에 나도 모르는 사이에 재기의 의욕을 잃고 있었던 것은 아니었는지. 진주만 공격은 미국사상 최대 비극이었지만 내 개인으로서는 다행한 일이기도 했다. 그 무서운 위기는 스스로 깨닫지 못했던 잠재된 힘을 일깨워 주었다. 자신의 일을 잊고 남에게 주의를 집중케 했다. 그리고 건강한 삶에 있어 필요 불가결한 크고도 귀중한 목적을 가지게 만들었다.

지금도 나는 내 일에 대해서만큼은 고민하거나 마음쓰지 않기 위해 노력한다."

마가렛 예쯔처럼만 행동한다면 아마 정신병자의 3분의 1쯤은 틀림없이 완쾌될 수 있을 것이다. 다른 사람을 돕는 일이 약이 되는 것이다. 칼 융 또한 이렇게 말했다.

"내 환자의 3분의 1은 임상적으로는 진짜 신경증이 아니며 인생의 공허와 무감각이 그 병의 원인이다."

바꿔 말해 그들은 엄지손가락을 들어 인생을 거저 태워 달라고 하지만 인생은 그것을 무시하고 통과해 버린다. 그래서 그들은 자신의 인색하고 무감각한 인생을 이끌고 정신병 전문의의 문을 서둘러 두드리는 것이다. 뒤늦게 보트를 놓치고 부두에 멍하니 서게 된 그들은 자기 외의 모든 사람들을 비방하며 세상이 그들의 자기 중심적 욕망을 만족시키는 것이 당연하다고 주장한다.

당신은 이러한 독백을 하고 있을지도 모른다.

"이런 이야기에는 그다지 관심이 없다. 나라도 크리스마스 이브에 고아를 만나면 아마도 관심을 기울일 것이다. 또한 그때 진주만에 있었다면 나 역시 마가렛 예쯔와 같이 일했겠지. 그러나 지금의 내 경우는 다르다. 나는 너무도 평범한 생활을 보내고 있다. 하루 8시간을 흥미 없는 일에 종사하고 있다. 극적이나 재미있는 일은 한 번도 일어나지 않는다. 어떻게 하면 다른 사람을 돕는 일에 흥미를 가지게 될까. 왜 그렇게 하지 않으면 안 되는 것인가? 남을 돕는다는 게 도대체 어떠한 이익이 된다는 것인가?"

당연한 질문이다. 그렇다면 대답하겠다.

평범하다 해도 당신은 매일 매일 누군가를 만나게 될 것이다. 당신은 그들에게 어떠한 태도를 취하고 있는가. 가만히 보고만 있는가, 아니면 그들의 생활 방법을 알려고 하는가? 우편 배달부의 예를 들어 보겠다. 그는 매일 몇백 마일을 걸어서 집집마다 우편물을 배달하지만 당신은 한 번이라도 그가 어디에 살고 있는지를 알려 한 적이 있는가? 또 그에게 부인과 아이들의 사진을 보여 달라고 말한 적이 있는가? 다리는 아프지 않은지, 일이 지루하지 않은지 물어 본 적이 있는가?

식료품점의 점원, 신문팔이, 길거리의 구두닦이에 대해서는 어떠한가. 이들도 모두 당신과 같은 인간이다. 고민, 꿈, 야심으로 가슴이 부푸는 인간인 것이다. 그들은 또 누군가에게 그것을 하소연하고 싶어한다. 당신은 그들에게 그럴 기회를 준 적이 있는가? 그들이나 그들의 생활에 대해 진지하게 관심을 보인 적이 있는가. 물론 당신더러 플로렌스 나이팅게일이나 사회 개혁가가 되라는 말은 아니다. 그저 내일 아침부터 그 일을 시작하면 되는 것이다!

보다 큰 행복, 보다 큰 만족과 자존의 감정. 아리스토텔레스는 이런 종류의 태도를 '계발된 이기주의'라고 부르고 있다. 또 조로아스터는 타인에게 선을 행하는 것은 의무가 아닌 환희이다. 그것은 베푸는 자의 건강과 행복을 증진한다고 말하고 있다. 벤자민 프랭클린은 간단하게 다른 삶에게 선을 행했을 때, 인간은 자기에게 최선을 다하고 있다고 요약하여 설명하고 있다.

뉴욕의 심리학 서비스 센터의 관장 헨리 C. 링크는 근대 심리학에 관한 발견 중 자아실현과 행복에 대한 자기 희생과 규율의 필요성을 과학적으로 실증한 것만큼 중요한 발견은 없다고 쓰고 있다.

그러므로 타인에 대한 배려는 고민으로부터 인간을 구제할 뿐만 아니라 많은 친구를 만들어 준다.

나는 일찍이 예일대학의 윌리엄 라이언 휄프 교수에게 어떻게 그것을 성취할 수 있었느냐고 질문했다. 그는 다음과 같이 말했다.

"나는 호텔이나 이발소, 그 밖의 가게에 들어갔을 때 그곳에서 만난 사람들에게 호감을 표시한다. 그들을 기계 속의 톱니바퀴처럼 생각하지 않고 한 사람의 인간으로 보고 말을 거는 것이다. 가게의 점원에게는 그녀의 눈이나 머리 결이 아름답다고 말한다든지 이발소 사람에게는 하루 종일 서 있느라 다리가 얼마나 아프겠느냐는 둥, 지금까지 대충 몇 사람쯤 머리를 깎았는가 등등에 대해 묻는 것이다.

인간은 누구나 타인의 관심의 대상이 되면 기뻐하는 법이다. 나는 또 짐을 날라주는 인부들과 악수를 한다. 그러면 그 사나이는 하루 종일 유쾌한 기분으로 일에 집중할 수 있다. 어느 몹시 더운 날 뉴 헤이븐선의 식당차에 점심을 먹으러 들어갔다. 차 안은 만원이어서 마치 찜통처럼 덥고 서비스는 늦었다.

보이가 겨우 메뉴를 가지고 내게로 왔을 때 나는 '뜨거운 조리실에서 일하려면 요리사가 무척 힘들겠군' 하고 말했다.

그러자 보이가 말했다. '그런데 손님들은 음식 맛이 왜 이러느냐, 서비스가 나쁘다, 덥다, 값이 비싸다 등등 불평만 하고 있습니다. 나는 어언 19년 동안 그 같은 불평만을 들어왔습니다만 저 찜통 속 같은 곳에서 일하고 있는 요리사를 동정해 주신 분은 선생님 한 분뿐입니다. 선생님 같은 손님이 늘게 되면 정말 다행이겠습니다.' 보이는 내가 주방의 흑인 요리사를 톱니바퀴가 아닌 한 사람의 인간으로 인정했다는 데 놀랐던 것이다.

인간은 모두 인간다운 대접을 받기를 바라고 있다. 나는 거리에서 귀여운 개를 데리고 다니는 사람들과 마주치면 언제나 그 개가 귀엽다고 칭찬해 준다. 조금 지나 돌아보면 대개의 경우 사람들은 개를 어루만져 주고 있다. 내게 칭찬을 받았기 때문에 그 또한 새삼스럽게 개를 귀여워하지 않을 수가 없게 되는 것이다.

영국에 있었을 때의 일이다. 한 목동이 큼직하고 영리한 감시견 한 마리를 데리고 있었다. 정말 칭찬이 절로 나왔다. 나는 그에게 어떻게 개를 훈련시키는지 물어 보았다. 헤어지고 나서 돌아보니 개는 뒷발로 서서 주인의 어깨에 앞다리를 올려놓고 있었으며 목동은 만족스러운 표정으로 그 다리를 어루만지고 있었다. 내가 목동과 그의 개에 흥미를 가짐으로써 목동을 기쁘게 했던 것이다. 그리고 그것을 보는 나 역시 즐거웠다."

짐을 나르는 사람과 악수하고 더운 조리실에서 일하는 요리사에게 동정을 가지고 기르는 개를 칭찬해 주는데 그 사람들이 근심걱정으로 인해 정신병 전문의의 문을 두드리는 일이 일어날까?

중국 속담에 이러한 말이 있다.

남에게 장미꽃을 바친 손에는 언제나 향기가 남아 있다.

예일 대학의 빌리 휄프는 이러한 사실을 일찍이 알고 실행했다.

다음 문단이 재미없다고 생각하는 남성 독자들은 그냥 넘어가도록 하라. 이 이야기는 선천적으로 불행을 타고난 소녀가 어떻게 해서 여러 남성으로부터 구혼을 받았는가에 대한 내용이다.

이 소녀는 지금은 인자한 할머니가 되었고 몇 해 전 나는 이 늙은 부인 댁에서 묵게 되었다. 나는 이 마을에서 강연을 했는데, 이튿날 아침 그녀는 자동차로 50마일이나 떨어진 뉴욕 센트럴 본선의 역까지 나를 데려다 주었다. 우리는 어떻게 하면 친구를 사귈 수 있을까에 대해 이야기를 주고받고 있었다. 문득 그녀는 "카네기씨, 내가 아무에게도, 심지어는 내 남편에게도 털어놓지 않았던 이야기 하나 해 드리지요."라고 말을 꺼내었다.

이것이 그 이야기의 전모다.

"나는 필라델피아의 사교계 인명록에도 실려 있는 명문가에서 태어났습니다만, 소녀 시절부터 철이 들 때까지 너무나 가난했습니다. 우리 가족은 다른 친구들의 가족들처럼 훌륭한 파티 같은 것을 할 수도 없었음은 물론이고 옷도 언제나 허름한 것을 입었지요. 그것도 작아서 몸에 맞지 않고 언제나 유행에 뒤떨어진 것뿐이었습니다. 난 그것이 부끄러워서 밤에 잠자리에 들어 곧잘 울었습니다. 절망한 끝에 나는 디너 파티 같은 곳에 가게 되면 파트너에게 그의 경험, 의견, 장래에 대한 계획 등에 대해 질문하기로 했습니다. 물론 그들의 이야기에 특별한 흥미를 느꼈던 것은 아니에요. 다만 나의 볼품 없는 몸치장에 관심을 가지지 않게 하려는 목적이었습니다.

그런데 이상한 일이 일어났습니다. 그 사람들의 이야기를 듣고 그 사람들의 일을 차차 알게 되자 보잘것없는 치장 따위는 잊어 버리게 되었던 거지요. 그리고 나도 모르게 깜짝 놀랄 만한 일이 일어났습니다. 내가 좋은 말벗이 되어 남의 이야기를 경청하자 이야기 하는 사람들도 즐거워했고 그 결과 나는 사교 클럽에서 가장 인기 있는 사람이 되었습니다. 그리고 세 사람의 청년으로부터 청혼을 받았지요."

독자 가운데 이런 말을 할 사람이 있을지도 모른다.

"타인에게 흥미를 가지다니 이해가 되지 않는다. 난 돈벌이가 되지 않는 것에는 관심 없다. 나는 내게 이득이 되는 것에만 흥미를 가질 뿐이다."

그것이 당신의 의견이라면 그렇다고 치자. 그러나 당신의 주장이 옳다고 생각한다면 유사 이래의 위대한 철학자나 현인, 즉 그리스도 · 공자 · 석가 · 플라톤 · 아리스토텔레스 · 소크라테스 · 성(聖) 프란시스 등의 여러 사람들의 말은 모두 잘못된 것이 된다. 만일 당신이 종교적 지도자의 교의를 믿지 않는 무신론자라면 다음 이야기를 보자. 먼저 세계의 석학 중 한 사람인 케임브리지 대학의 A.E. 하우스먼 교수는 1936년에 동 대학에서 행한 '시의 명칭과 자연성'이라는 강연에서 다음과 같이 말했다.

☑ 동서고금을 통해 가장 심원한 도덕적인 발견은 그리스도의 다음과 같은 말이다. 즉, '그의 생명을 얻은 사람은 그것을 잃고 나를 위해서 생명을 잃은 사람은 그것을 얻으리로다.'

그러나 하우스먼은 무신론자이며 염세주의자이며 자살 시도까지 했던 사람이었다. 그러나 그는 자기 일만을 생각하는 사람은 인생으로부터 많은 것을 얻지 못한다는 것을 잘 알고 있었다.

또한 미국의 저명한 무신론자 테오돌 드라이저의 이야기를 보자. 그는 모든 종교를 동화(童話)라며 냉소하고 인생을 '어리석은 사람의 이야기이다. 잡음과 격정이 들끓는 전혀 무의미한 것이다' 라고 단정했다. 그러면서도 그는 그리스도가 설교한 '타인에게 봉사하라' 는 위대한 교훈을 지지했다.

그는 말한다.

"인생에서 기쁨을 얻으려면 자기보다도 타인을 즐겁게 해주도록 하라. 자기의 기쁨은 그들의 기쁨 속에 있고 그들의 기쁨은 그의 기쁨 속에 있기 때문이다."

평화와 행운을 부르는 7가지 방법

1. 우리들의 마음을 평화와 용기와 건강과 희망으로 가득 차게 하자.

'우리들의 인생은 우리들의 생각이 만든다.

2. 적에게 보복하려고 해서는 안 된다.

그렇지 않으면 적보다 자기 자신에게 더 해롭다.

3. 망은(忘恩)에 고민하지 말고 차라리 망은을 얘기하라.

그리스도는 열 명의 나병환자를 치료했지만 한 사람에게서밖에 답례를

받지 못했다. 우리가 그리스도 이상으로 감사를 기대할 수 있는가.

행복을 발견하는 유일한 방법은, 답례를 기대하지 않고 오로지 기쁨을

주는 데 있다.

감사하는 생각은 '교양에 의한' 특성이다.

그러므로 자식들이 감사하게 생각해 주기를 바란다면 아이들에게 그것

을 몸소 보여 주어라.

4. 이복(利福)을 세고 고민을 세지 말라.

5. 남을 흉내내지 말라.

자기 자신을 발견하고 철저히 자기 자신이 되도록 하라. 질투는 무지이
고 모방은 자살이다.

6. 운명이 레몬을 주면 그것으로 레몬수를 만들 수 있도록 노력하라.

7. 타인에게 조그마한 행복을 주도록 애씀으로써 자신의 불행을 잊어라.

'너희가 타인에게 선을 베풀 때 너희는 자기 자신에 대해서 최선을 다하
는 것이다.'

19

남들보다 덜 지치고 더 많은 일을 하는 방법

고민을 예방할 수 있는 방법을 다룬 책에서 나는 왜 피로를 예방하는 방법을 쓰고 있는 것일까. 그것은 피로가 가끔 고민을 불러일으켜 당신을 괴로움 속으로 밀어 넣기 때문이다. 또한 피로는 다른 모든 질병에 대한 육체적 저항력을 약하게 한다. 정신과 의사는 피로가 공포와 걱정에 대한 저항력을 저하시킨다고 말하고 있다. 따라서 피로를 예방하는 것은 고민을 예방하는 데 도움이 된다.

도움이 된다고 말했지만 이것은 아주 부족한 표현이다.

에드먼드 자코프슨 박사는 나의 의견에서 몇 걸음 더 나아가 휴양에 대한 두 권의 저서를 내놓고 있는데 〈적극적 휴양〉과 〈휴양의 필요〉라는 책이다. 그는 시카고 대학 임상생리학 연구 소장으로서 다년간 의료의 한 방법으로서의 휴양에 대한 연구를 지도해 왔다.

그는 신경적 또는 감정적인 고민은 '완전한 휴양 앞에는 존재할 수 없다'고 단언했다. '휴양 상태에 있으면 고민이 깊어질 수 없다'는 것이다.

그러므로 피로와 고민을 예방하는 제1의 법칙은 가끔 휴식을 취할 것, 즉 피로하기 전에 휴식하라는 것이다.

어째서 휴양이 중요한가?

피로는 무서운 속도로 축적되기 때문이다. 미 육군은 여러 번의 테스트 결과 장기간의 훈련에 단련된 병사들조차도 한 시간에 10분 정도 배낭을 내려놓고 휴식해야만 행군도 수월하고 내구력도 강해진다는 사실을 알았다. 그래서 미 육군은 휴식을 강조한다. 인간의 심장은 증기 기관차를 채울 정도의 혈액을 전신에 순환시키기 위해 매일 활동하고 있다. 그것은 24시간에 30톤의 석탄을 높이 3피트의 대관 위에 퍼 올리는 정도의 힘으로서 심장은 이 믿을 수 없을 정도의 중노동을 50년, 70년, 80년 동안 계속한다. 어떻게 해서 심장이 그것을 견디어 내는가에 대해 하버드 의과 대학의 월터 캐논 박사의 설명을 들어보자.

"대부분의 사람들이 심장이 항상 움직이고 있다고 생각하지만, 실제로는 수축할 때마다 일정하게 정지하곤 한다. 매분 70이라는 적당한 속도로 고동칠 때 심장은 실제로 24시간 중 겨우 9시간밖에 움직이고 있지 않다. 따지고 보면 하루 15시간 정도만 뛰는 셈이다."

제2차 대전 때 윈스턴 처칠은 70세 초의 고령임에도 불구하고 하루 16시간을 일하며 영국의 육·해군 활동을 지휘했다. 그러나 매일 아침 열한 시까지 침대에 있으면서 보고서를 읽고 구두로 명령을 지시하거나 전화로 회의를 했다. 점심 식사 후에는 다시 침대로 돌아가 한 시간 동안 낮잠을 잤다. 저녁이 되면 또 다시 침대에 누워 여덟 시에 저녁 식사를 할 때까지 두 시간 동안 잠을 잤다. 그러나 피로를 회복하기 위해 그런 휴식을 취한 것은 아니었다. 아예 피로를 회복할 필요가 없었던 것이다. 다만 그는 피로를 예방하고자 했다. 그리고 여러 번 휴식을 취함으로써 활기 있고 명랑하게 깊은 밤까지 일할 수 있었다.

존 록펠러 1세는 엄청난 기록을 두 번이나 세웠다. 그는 미증유의 거부가 되었고 더욱이 98세까지 장수를 누렸다. 물론 장수의 유전자를 이어받기도 했지만 또 하나는 매일 오후 사무실에서 반시간 동안 낮잠을 자는 습관이 있었기 때문이다. 그는 매일 오후 사무실 소파에 누워서 눈을 붙이고 휴식을 즐겼다. 그리고 그가 자고 있는 동안은 대통령도 그를 깨우지 못했다.

다니엘 W. 조스링은 유명한 저서 〈왜 피로해지는가〉에서 '휴식은 아무것도 하지 않는다는 말이 아니다. 휴식은 치유하는 것이다'라고 말하고 있다. 짧은 휴식이라도 대단히 큰 치유력이 있기 때문에 5분 동안만 낮잠을 자도 피로 예방에 효과가 있다는 것이다. 야구계의 대 원로 코니 맥은 시합 전에 낮잠을 자지 않으면 5회쯤 되어 몹시 피로하다고 이야기했다. 그러나 5분간이라도 낮잠을 자 두면 거뜬히 더블 헤더를 해낼 수가 있었다.

엘리너 루즈벨트 여사에게 백악관에서 생활하는 13년 동안 그처럼 빈틈없는 스케줄을 어떻게 수행할 수 있었는가를 묻자, 회견이나 연설 전에 긴 의자에 깊숙이 앉아 눈을 감고 30분간 미리 휴식을 취했다고 대답했다.

나는 최근 매디슨 스퀘어 가든의 의상실에서 딘 오틀리와 만남을 가졌는데 그곳에는 간이침대가 놓여 있었다.

"나는 매일 여기 누워 한 시간 정도 잠을 잡니다. 헐리우드에서 영화를 만들 때는 큰 안락의자에서 30분 정도 쉬었습니다. 그렇게 하면 완전히 원기가 회복됩니다."

에디슨은 그의 놀라운 에너지와 인내력은 자고 싶을 때에 자는 습관 덕이라고 말하고 있었다. 나는 헨리 포드가 80회 생일을 맞이하기 직전 그를 만나고는 그가 여전히 젊고 건강하다는 데 놀랐다. 나는 그에게 그 비결을 물었다. 그는 '앉을 수 있을 때에는 결코 일어서지 않는다. 그리고 누울 수 있을 때에는 절대로 앉지 않는다'고 대답했다.

근대 교육의 아버지 호레스 만 역시 이와 같은 방법을 썼다. 그는 엔티오크 대학의 학장 시절 언제나 긴 의자에 누운 채로 학생들을 면접했다.

나는 헐리우드의 영화 감독 채트리크에게도 이 방법을 권유했다.

그 후 그는 기적이 일어났다고 고백했다. 몇 년 전 나를 만나러 왔을 때 그는 메트로 골드윈 메이어 영화사의 단편부 부장이었고 몹시 피곤해 보였다. 그는 피로를 회복하기 위해 별짓을 다해 보았다. 강장제, 비타민제를 비롯해 갖가지 약을 복용했지만 아무 효과도 없었다. 나는 그에게 매일 일정한 휴식을 가져 보라고 제안했다. 사무실에서 작가들과 회의할 때도 긴 의자에 드러누워 되도록 몸을 편히 하라고 권했던 것이다.

그로부터 2년 후 다시 만났을 때 그는 이렇게 말했다.

"기적이 일어났다고 주치의가 말하더군요. 전에는 단편 구상을 의논할 때 몸을 굳게 하고 의자에 앉아 있곤 했으나 지금은 옆으로 누운 채 하고 있습니다. 요 20년간 이런 상쾌한 기분을 경험한 적이 없었습니다. 요즈음은 전보다 두 시간이나 더 일을 하지만 피로한 적은 없습니다."

어떻게 하면 이 방법을 적용할 수 있을까? 만일 당신이 속기사라면 에디슨처럼 사무실에서 낮잠을 잘 수는 없을 것이다. 회계사라면 드러누운 채로 부장에게 보고할 수 없다. 그러나 만일 당신이 소도시의 주민으로 점심을 먹으러 집에 돌아갈 수 있다면 점심 식사 후 10분 정도의 낮잠은 잘 수 있으리라. 조지 G. 마샬 장군 또한 그렇게 하고 있었다.

그는 전시 중 군을 지휘하느라 몹시 바빴기 때문에 정오에는 반드시 휴식을 취할 필요가 있었다. 만일 당신이 쉰 살이 넘었는데도 그럴 겨를이 없다면 하루 빨리 가능한 최대 한도의 생명보험을 들어야 한다. 요즘은 장례식 비용도 많이 들 뿐더러 갑작스럽게 죽는 경우도 많다. 부인은 당신의 보험금을 받아 젊은 사람과 결혼하기를 희망하고 있는지도 모른다.

만일 당신이 점심 식사 후에 낮잠을 잘 수 없는 형편이라면 적어도 저녁 시간 전에 한 시간은 누워 있도록 하라. 그것은 하이볼 한 잔 값보다도 싸며 장거리 경주에서는 5천 4백67배나 효과가 있다. 만일 다섯 시부터 여섯 시 또는 일곱 시에 한 시간 동안 잘 수만 있다면 당신은 하루 일과에서 한 시간을 연장한 것이 된다. 왜냐하면 저녁 식사 전에 한 시간, 밤시간의 6시간, 즉 합해서 7시간의 휴식은 연속 8시간의 수면보다도 피로를 풀어 주는 데는 훨씬 효율적이기 때문이다.

육체 노동자가 휴식 시간을 늘릴 경우 보다 많은 일을 할 수 있다. 프레데릭 테일러는 과학적 경영의 전문가로서 베스레헴 스틸 컴퍼니에서 공동 연구했을 당시 이 사실을 입증했다. 그는 한 노동자가 하루 12톤 반의 선철(銑鐵)을 화차에 싣는 작업을 하면 정오쯤에는 지쳐 버린다는 사실을 알았다. 그러나 그는 모든 피로의 요소를 과학적으로 연구한 결과, 하루 12톤 반이 아니라 47톤의 작업도 할 수 있다고 단언했다. 이제까지의 작업보다 약 4배의 작업을 해도 지치는 일이 없다는 것이다.

테일러는 슈미트라는 사나이를 스톱 워치를 통해 일을 하도록 했

다. 슈미트는 스톱 워치를 든 사람의 명령대로 일했다

"자, 선철을 들고 가시오. 이젠 걸터앉아 쉬시오. 자, 걷도록 하시오. 이젠 쉬시오." 하는 식이다.

과연 어떤 결과가 나왔을까? 다른 사람들은 혼자서 12톤 반밖에 운반하지 못했지만 슈미트는 매일 47톤의 선철을 운반했다. 그리고 그는 테일러가 베스레헴에 있던 3년 동안 이 페이스로 계속 일했다. 이게 가능했던 것은 피로하기 전에 쉬었기 때문이다. 그는 한 시간 중 약 26분을 일하고 34분을 쉬었다. 따라서 일하는 시간보다도 쉬는 시간이 많았지만 다른 사람보다 거의 네 곱절의 일을 했다. 이것이 의심스럽다면 프레데릭 윈슬 테일러의 〈과학적 경영법〉을 한 번 읽어 보라.

20

피로의 원인을 극복하는 방법

여기에 경이로운 분석 결과가 하나 있다.

인간은 정신적 일만으로는 피로해지지 않는다는 사실이다. 어리석은 소리로 들릴는지도 모르지만 수년 전 과학자들은 인간의 두뇌가 피로하지 않고 얼마만큼 오랜 시간 일할 수 있는가를 밝히려고 시도했다.

그리고 놀랍게도 뇌를 통과하는 혈액은 활동 중에는 전혀 피로함을 보이지 않는다는 사실을 발견했다. 품팔이 노동자의 혈액에서 뽑아낸 피에는 독소나 피로 물질이 가득 차 있었지만 알버트 아인슈타인의 뇌에서 빼낸 피에서는 그것들을 찾아볼 수 없었다.

뇌만큼은 8시간 또는 13시간을 활동한 후라도 처음과 똑같이 활발하게 일할 수 있다. 실로 인간의 두뇌는 전혀 피로를 모른다. 그럼 무엇이 인간을 피로하게 하는 것인가?

정신과 박사들은 대부분 피로의 원인을 정신적, 감정적 태도에서 찾는다. 영국의 유명한 정신병 학자 J.A. 하드필드는 그의 저서 〈힘의 심리〉에서 "우리에게 닥치는 대부분의 피로감은 정신적인 것에 원인이 있다. 순수하게 육체적 원인에서 오는 피로는 지극히 드물다."고 말하고 있다.

미국의 정신병 박사 중 저명한 A.A. 부리트 박사는, 이에 한 걸음 더 나아가서 "앉아서 일하는 노동자의 피로는 거의 심리적 요소, 즉 감정적 요소에서 비롯된다."고 선언하고 있다.

그렇다면 어떤 감정적 요소가 그 노동자들을 피로하게 만드는 것일까? 권태, 원한, 인정받고 있지 못하다는 기분, 헛수고를 하고 있는 것 같다는 생각, 초조, 불안, 고민 등의 감정적 요소들이야말로 사람을 피로하게 하여 생산력을 감퇴시키고 신경 증세의 두통을 일으킨다. 즉 감정이 신체 내에 신경적 긴장을 초래하는 셈이다.

메트로폴리탄 생명 보험 회사는 피로에 관한 팜플렛에서 이 사실을 지적하고 있다.

"육체적 노동으로 인한 피로는 충분한 수면이나 휴식으로 거의 회복된다. 실제적으로 피로의 가장 큰 원인은 고민, 긴장, 감정의 혼란이다. 가끔 육체적, 정신적으로 피곤하다고 생각해도 사실은 이상의 세 원인이 주를 이루는 경우가 많다."

지금 곧 하던 일을 멈추고 자기 자신을 검토해 보자.

이 글을 읽으면서 책을 노려보고 있지는 않는가. 눈이 긴장하고 있다고 느끼지는 않는가. 허리를 의자에 편안히 기대고 있는가. 어깨를 구부리고 굳은 얼굴을 하고 있지는 않는가. 만일 당신의 몸이 낡은 헝겊으로 만든 인형처럼 늘어져 있지 않다면 당신은 이 순간 신경적 긴장과 근육적 긴장을 유발시키고 있는 것이다. 다시 말해 당신은 지금 신경적 긴장과 신경적 피로를 유발시키고 있다.

왜 우리는 정신 노동을 하면서 이처럼 불필요한 긴장을 하는가. 조스링은 '곤란한 일은 반드시 노력을 통해 해결해야 한다는 강박이 큰 장해가 되고 있다'고 말하고 있다. 그래서 우리는 정신을 집중할 때에 얼굴을 찡그리고 어깨를 구부리며 힘든 동작을 취해 근육을 혹사시킨다. 그러나 사실 그것은 뇌의 활동에 전혀 도움이 되지 않는다.

그렇다면 대책은 무엇인가? 그 대답은 첫째도 휴식, 둘째도 휴식, 셋째도 휴식이다. 일을 하면서 휴식하는 법을 배우는 것이다.

물론 쉬운 일은 아니다. 아마 당신은 그동안 습관을 바꾸지 않으면 안 될 것이다. 그러나 그것은 노력할 만한 가치가 있을 뿐더러 당신의 생애에 일대 혁명을 가져올 수도 있다.

윌리엄 제임스는 〈휴양의 복음〉이라는 에세이에서 다음과 같이 말하고 있다.

"미국인의 지나친 긴장, 변덕, 숨가쁨, 강렬성, 심한 통증의 표정 등은 아주 나쁜 습관으로 전혀 취할 바가 못 되는 것이다."

긴장은 습관이다. 따라서 휴식도 습관이다. 나쁜 습관은 버릴 수 있으며 좋은 습관은 새로이 만들 수가 있다.

긴장을 풀려면 일단은 근육을 푸는 일부터 시작해야 한다. 어떤 식으로 하는지 한 번 해보도록 하자. 우선 눈부터 감아 보라. 이 구절을 다 읽고 나면 눈을 감는다. 그리고 조용히 눈을 향해 말하라.

☑ 휴식을 취하라. 긴장을 풀고 찡그린 얼굴을 하지 말라. 휴식을 취하라.

1분 동안 조용히 몇 번이고 이 말을 반복한다.

2, 3초가 지나면 눈의 근육이 당신의 명령에 따르기 시작할 것이다. 마치 누군가의 손이 긴장을 풀어주는 듯한 느낌을 받는다면 당신은 1분간의 휴식에 대한 모든 열쇠와 비결을 깨달은 셈이다. 턱, 얼굴의 근육, 목, 어깨, 전신에도 마찬가지로 적용한다. 그러나 가장 중요한 것은 눈이다.

시카고 대학의 에드먼드 자콥스 박사는 눈이야말로 신체가 소비하고 있는 전 신경 에너지의 4분의 1을 소비하고 있으므로 아주 중요한 기관이라고 말한다. 시력이 좋은 사람들이 눈의 피로를 호소하는 이유도 여기에 있다. 그들은 언제나 눈을 긴장시키고 있는 것이다.

유명한 소설가 비키 바움은 어렸을 때 한 노인으로부터 아주 귀중한 교훈을 얻었다.

그녀가 넘어져 무릎과 손목에 상처를 입자 서커스 피에로였던 노인이 다가와 그녀를 일으켜 흙을 털어 주며 이렇게 말했다.

"네가 상처를 입은 것은 몸을 편히 하는 방법을 모르기 때문이야. 낡은 양말처럼 몸을 야들야들하게 하고 있지 않으면 안 돼. 이리 오너라, 할아버지가 그 방법을 보여줄 테니까."

그리고 노인은 그녀 앞에서 넘어지는 방법, 재주 넘는 법, 물구나무서기 등을 해 보였다. 그리고 자기를 낡은 양말이라고 생각하거라. 그리고 언제나 몸을 편히 다루어라 하고 타일렀다.

이 말대로 한다면 당신은 어느 때, 어디서든 편히 쉴 수 있다. 그러나 편히 하려고 억지로 노력해서는 안 된다. 휴식은 모든 긴장과 노력이 없는 상태로 들어가는 일이다. 우선 눈과 얼굴의 근육을 쉬는 일부터 시작하여 몇 번이고 쉬어라. 쉬어라. 편히 쉬어라 하고 되풀이하는 것이다. 그러면 에너지는 안면 근육에서 신체의 중심부로 옮겨간다. 그리고 젖먹이처럼 긴장에서 해방될 것이다.

유명한 소프라노 가수인 가리 쿨치도 이렇게 했다. 헬렌 제퍼슨은 공연 전에 곧잘 가리 쿨치를 만났는데 그때마다 그녀는 의자에 느긋하게 앉아 아랫입술을 느슨하게 벌린 채였다.

다음은 몸을 편하게 하는 다섯 가지 방법이다.

1. 데이빗 헤럴드 핑크 박사의 〈신경적 긴장으로부터의 해방〉을 읽어 보라. 다니엘 W. 조스링의 〈왜 피로해 있는가〉도 읽을 만한 책이다.

2. 항상 몸을 편하게 하라. 신체를 낡은 양말처럼 축 늘어뜨린다. 양말이 없다면 고양이라도 좋다. 양지에서 자고 있는 고양이 새끼를 올린 일이 있으리라. 그렇게 하면 앞뒤 발이 물에 젖은 신문처럼 축 늘어진다. 나는 지금까지 피로한 고양이, 신경 쇠약에 걸린 고양이, 불면증이나 위암에 걸린 고양이를 본 적이 없다. 당신이 고양이처럼 편하게 하는 방법을 안다면 반드시 이러한 불행을 면할 수 있으리라.

3. 되도록 편안한 자세로 일하라. 신체의 긴장은 어깨를 무겁게 하고 신경 피로를 불러일으킨다.

4. 하루에 네다섯 번 자기검토를 해 보라.
   "나는 일을 필요 이상으로 어렵게 하고 있지 않는가? 이 일에 관계없는 힘을 쓰고 있지는 않은가?"
   이것은 몸을 푸는 습관에 도움이 될 것이다.

5. 하루의 일과가 끝날 때 자신에게 재차 물어 본다.
   "얼마만큼 피로해 있는가. 만일 피로해 있다면 그것은 노동 때문이 아니라 일의 방식 때문이다."

다니엘 조스링은 말하고 있다.

☑ 나는 하루의 일과가 끝나면 내가 얼마만큼 피로해
있는가가 아닌 얼마만큼 피로해 있지 않은가를 계산한다.
하루의 일과가 끝날 때 대단히 피로하다면 일의 양이나
질에 있어 전혀 능률이 오르지 않는 날이었음을 안다.

만일 미국의 모든 실업가가 이와 같은 교훈을 배운다면 지나친
긴장에 의한 사망률은 감소되리라. 그리고 요양소나 정신병원이 피
로나 고민으로 고생하는 사람들로 꽉 차는 일은 없어질 것이다.

21

주부가 고민에서 해방되고 젊음을 유지하는 법

지난해 어느 가을날, 내가 아는 한 사람이 진기한 의학 클래스에 참석하기 위해 보스턴으로 갔다. 그것은 보스턴 시료원에서 일주일에 한 번씩 열리는 의학 클래스로 거기에 출석하려면 우선 정기적으로 철저한 건강 진단을 받아야 했다. 그러나 이 모임은 실제로는 심리학적 진료소로서 정식으로 부르면 응용 심리학 클래스였다. 이 클래스의 본래 목적은 고민으로 인해 병에 걸린 사람들을 치료하는 데 있다. 그리고 환자 대부분이 감정적으로 이상이 있는 가정주부들이었다.

이 클래스의 유래는 이러하다. 1930년 서어 윌리엄 오슬러의 가르침을 받은 조셉 프라트 박사는, 보스턴 시료원에 오는 환자의 다수가 언뜻 보기에는 아무 이상이 없는데 실제로는 모든 질병의 증세를 보인다는 사실을 알아냈다.

어떤 부인의 손은 관절염으로 몹시 구부러져 있었고 또 다른 부인은 위암 증세가 있었다. 그 밖의 다른 사람들은 등골이 쑤시고 만성 두통이나 만성 피로에 시달렸으며 때로는 막연한 통증을 느끼기도 했다. 그러나 철저한 건강 진단 결과 육체적으로는 아무런 이상도 발견할 수 없었다. 옛날 의사들 같으면 기분 때문이라고 진단한 뒤 집에 돌아가 그것을 잊어 버리라고 말했을 것이다.

그러나 프라트 박사는 그런 방법이 아무 소용없다는 것을 잘 알고 있었다. 이들의 대부분은 그 말을 믿지 않았다. 또한 그처럼 간단히 자신의 병을 잊어 버릴 수 있었다면 애초에 이곳을 찾지 않았을 것이다. 결국 프라트는 몇 명의 의사와 관계자의 반대를 일축하고 이 모임을 열었다. 그리고 기대 이상으로 훌륭한 업적을 올렸다. 개설 이래 18년 동안 몇천 명의 환자가 출석했고 완치되었다. 출석자 중에는 거의 종교적인 열성을 가진 사람들도 있었다.

나의 조수는 9년 동안이나 이 클래스에 쉬지 않고 출석했던 한 부인과 이야기를 나누었다. 그녀는 처음에는 자신이 간장병과 이름 모를 심장병을 앓고 있다고 확신하고 있었다. 그녀는 걱정과 긴장 때문에 가끔 눈앞이 캄캄해지거나 아무것도 보이지 않을 때도 있었다. 그러나 지금은 쾌활하고 건강해졌다. 그녀는 마흔 살이 좀 넘은 듯했는데 손자를 안고 있었다. 그녀는 말했다.

"가정 불화 때문에 차라리 죽고 싶은 심정이었습니다. 그러나 여기 진료소에서 고민이란 무익하다는 것을 깨달았습니다. 그리고 고민에서 해방되는 방법을 알았습니다. 지금 내 생활은 진실로 온화하다고 말할 수 있습니다."

이 클래스의 의학 고문인 로즈 힙파딩 박사는 "누군가 믿을 수 있는 사람에게 고민을 털어 놓는 일이야말로 고민을 줄일 수 있는 최상의 방법이다. 우리는 이것을 '배변'이라 부르고 있다. 환자들은 여기에서 상세하게 자기들의 고민을 고백하고 그것을 마음속에서 쫓아낼 수가 있다. 혼자 가슴에 품고 있는 고민은 많은 신경적 긴장을 일으킨다. 따라서 고민은 서로 나누지 않으면 안 된다. 이 세상에 자신의 고민을 들어주고 이해해 주는 사람이 있다고 생각해야 한다"고 말하고 있다.

내 조수는 어떤 부인이 자기 고민을 고백함으로써 순식간에 돌변한 것을 보았다. 그녀의 걱정거리는 가정 문제였다. 처음 이야기를 시작할 때는 긴장감으로 얼굴이 굳어져 있었지만 이야기가 진행됨에 따라 점차 침착해졌다. 상담이 끝날 즈음에는 미소까지 띠고 있었다. 그러나 문제는 그리 쉽게 해결되지 않는다. 자신의 고민을 누군가에 고백했다는 것, 조금의 충고와 동정을 받았다는 것은 단지 기분을 좀 바꾸는 요소일 뿐이다. 그녀의 심경을 변화시킨 진짜 치료는 그녀에게 들려준 말에 내포되어 있었다.

오늘날의 정신 분석은 어느 정도까지 '말의 치료력'을 바탕으로 하고 있다. 프로이트 이래 정신 분석학자들은, 만일 환자가 이야기만 할 수 있다면 그 내부에서 평온한 부분을 발견할 수 있다고 믿고 있다. 일단 이야기함으로써 자신의 고민을 분명하게 하고 일의 경중을 판단할 수 있기 때문이다. 물론 그에 대한 대답은 아무도 모른다. 그러나 모든 사람에게 '털어 놓는 것', '가슴의 찡함을 토해내는 것'은 그 자체만으로도 안도감을 준다.

어떤 걱정거리가 생기면 그것을 고백할 만한 대상을 찾아라. 그렇다고 아무나 붙잡고 하소연을 늘어놓거나 어리석은 모습을 드러내 비웃음거리가 되라는 것은 아니다. 신뢰할 수 있는 사람을 골라 의논을 하라는 뜻이다. 친척, 의사, 변호사, 목사 모두가 좋다. 그 사람들에게 말하라.

"당신에게 조언을 받고 싶습니다. 나 자신이 미처 몰랐던 부분을 당신은 알 수 있을지도 모릅니다. 설령 그렇지 않더라도 내 이야기를 끝까지 들어 주는 것만으로도 정말 고맙겠습니다."

만일 그럴 만한 사람이 없다면 인명 구조 동맹을 보도록 하자.

이것은 보스턴 시료원과는 아무런 관계가 없다. 인명 구조 동맹은 세계에서도 가장 드문 동맹 중의 하나이다. 그것은 원래 자살을 방지하기 위해 만들어진 것이었지만 해가 감에 따라 사업을 확장하여 현재는 불행한 사람들이나 고민하고 있는 사람들에게도 정신적인 조언을 해주고 있다.

나는 그 동맹에서 로너 본넬이라는 조언자와 회담한 일이 있었다. 그녀는 이 책을 읽고 자신에게 편지를 보내는 모든 이들에게 회답을 줄 것이라고 내게 약속했다. 이곳의 주소는 뉴욕시 5번가 505이다.

그러나 가능하다면 개인적으로 이야기를 들어줄 사람한테 갈 것을 권한다. 그 사람이라면 당신에게 보다 큰 안도감을 줄 것이다.

고민을 모조리 이야기해 버릴 것. 이것이 보스턴 시료원 클래스에서 사용하고 있는 기본적인 방법이지만 그 밖에도 몇 가지의 방법이 있다. 이것은 주부로서 당신이 가정에서 실행할 수 있는 방법이다.

1. 감정의 정화를 위해 일단 노트나 스크랩북을 준비할 것.

그 속에 당신을 감동시키고 향상시키는 시, 짧은 기도의 말, 인용문을 붙여 둔다. 비 오는 울적한 오후나 이유 없이 기분이 나쁠 때 이 노트를 뒤적여 보자. 기분을 산뜻하게 해줄 수 있는 시나 기도의 말을 발견할 수 있을 것이다. 실제로 시료원 환자 중에는 오랫동안 노트를 만들고 있는 사람이 많다. 그들은 그것을 '팔에 맞는 주사' 라 부르고 있다.

2. 다른 사람의 결점에 지나치게 마음을 쓰지 말 것.

분명히 당신의 남편에게도 결점은 있다. 그가 성인이었다면 당신과 결혼하지 않았으리라. 잔소리가 많은 한 부인에게 '남편이 돌아가시면 어떡하시겠습니까?' 하고 물었고 그녀는 금방 자신의 모습에 눈을 떴다. 그녀는 깜짝 놀라 남편의 장점을 종이에 적어 보았고 그것은 꽤 길었다. 만일 남편이 폭군처럼 여겨진다면 이 방법을 한 번 시도해 보라. 그의 장점을 전부 써본다면 그야말로 당신의 이상형이었다는 사실을 알 수 있을 것이다.

3. 주위의 사람들에게 관심을 가질 것.

당신과 같은 동네에서 살고 있는 사람들에 대해 우호적이고 건전한 흥미를 깊이 가질 것. 매우 배타적인 성격 탓에 친구가 없었던 한 부인이 지금부터 만나는 사람들에 대한 이야기를 마련해 발표하라는 처방을 받았다. 그녀는 시내 전차 안에서 만난 사람들의 배경과 생활을 상상해 보았다. 그리고 닥치는 대로 이야기를 걸어 보았다. 그 결과 그녀는 행복하고 남에게 호감 받는 사람이 되었다.

4. 오늘 밤 잠자리에 들기 전에 내일 스케줄을 작성할 것.

많은 주부들이 쉴새없이 쫓기는 느낌을 받는다. 일을 다 끝냈다고 생각한 적이 없는 것이다. 이 쫓기고 있는 기분을 물리치기 위해 매일 밤 다음날의 스케줄을 작성하도록 지시했다. 그러자 그녀들은 보다 많은 일을 할 수 있었고 피로는 줄어드는 대신 성취감이 생겼다. 또한 휴식 시간과 몸치장하는 시간도 가지게 되었다(부인들은 매일 화장하는 시간을 가져야 한다. 자기가 아름답다는 것을 알고 있는 사람은 신경 쇠약에 걸리지 않는다).

5. 마지막으로, 긴장과 피로를 피할 것.

몸을 편히 쉴 것, 긴장이나 피로만큼 당신을 빨리 늙게 하는 것은 없다. 그 두 가지 해악은 당신의 싱싱한 아름다움을 해칠 것이다.

내 조수는 보스턴의 사상 조절 클래스에서 보올 E. 존슨 박사의 지도 아래 유연체조를 했는데 10분 후 그녀는 똑바로 의자에 걸터앉은 채 졸고 말았다. 고민을 내쫓기 위해서는 몸을 푸는 일이 무엇보다 중요하다.

몸을 편히 쉬게 하라. 언제든지 눕고 싶으면 마룻바닥 위에라도 눕자. 실제로 딱딱한 바닥은 스프링이 있는 침대보다도 효과적인 휴식 공간이다. 저항이 강하기 때문에 등골에 좋다.

그러면 가정에서 할 수 있는 몇 가지의 운동 방법을 열거하겠다. 1주일 동안 지속하여 당신의 용모와 기분이 어떻게 달라지는지를 알아보도록 하자.

1. 마룻바닥에 누워 되도록 기지개를 켠다. 뒹굴어도 좋다. 하루 두 번 한다.

2. 눈을 감는다. 그리고 다음과 같이 밝고 환한 이미지의 말을 한다. "태양이 머리 위에서 빛나고 있다. 하늘은 맑고 푸르게 개어 있다. 자연은 부드럽게 세계를 지배하고 있다. 나는 자연의 딸로서 우주와 함께 하고 있다." 또한 기도를 하는 것도 좋은 방법이다.

3. 만일 누울 수 없다면 의자에 걸터앉아도 좋다. 몸을 편히 쉬려면 딱딱한 의자가 적합하다. 이집트의 좌상(座像)처럼 의자에 꼿꼿이 앉아 손바닥을 무릎 위에 얹어 놓는다.

4. 그리고는 천천히 손끝을 긴장시키고 다시 느슨하게 한다. 다리의

근육을 긴장시킨다. 그런 다음 느슨하게 풀어준다. 전신의 모든 근육을 대상으로 이것을 반복한다. 단지 순서는 아래서 위이다. 마지막으로 목으로 간다. 고개를 힘차게 돌린다. 그 동안 계속 '쉬어라. 쉬어' 하고 계속 말한다.

5. 천천히 안정된 호흡으로 신경을 진정시킨다. 심호흡을 한다. 리드미컬한 호흡은 신경을 진정시키는 데 무엇보다 좋은 방법이다.

6. 당신 얼굴의 주름살이나 찌푸린 표정을 없애라. 하루에 두 번씩 이마와 입가의 주름을 펴라. 이것만으로도 뷰티크럽에서 따로 마사지를 받을 필요가 없다.

22

피로와 고민을 막는 네 가지 작업 습관

첫 번째 습관 : 당면한 문제에 관계 있는 서류 이외에는 책상을 정리하라

시카고 북서방 철도 주식 회사 사장인 로란드 L. 윌리엄은 이렇게 말하고 있다.

"여러 가지 서류를 책상 위에 짚단처럼 싸놓고 있는 사람이 있는데, 지금 곧 필요하지 않은 것을 모두 정리해 버리면 보다 편리하고 정확히 일을 할 수 있다. 나는 이것을 훌륭한 가정이라 부르고 있다. 이것이야말로 능률을 올리는 첫걸음이다."

워싱턴의 국회 도서관 천장에는 시인 보프의 질서는 하늘의 첫째 법칙이다라는 문구가 크게 씌어 있다. 일을 하는 데 있어 질서야말로 첫째 법칙이다.

그러나 대부분의 비즈니스맨들 책상 위에는 몇 주일씩이나 밀린 서류들이 널려 있다. 뉴올리언즈의 한 신문사 발행인은 비서에게 자신의 책상정리를 시켰더니 2년 전에 분실했던 타이프라이터가 나왔다고 말했다.

답장을 보내지 않은 편지, 보고서, 메모가 흩어져 있는 책상은 보기만 해도 혼란, 긴장, 고민을 일으킨다. 그 이상으로 좋지 않은 일은 '하지 않으면 안 될 많은 일, 그것을 할 시간이 없는 것'인데 이것은 우리를 긴장과 피로로 몰아 넣을 뿐 아니라 고혈압, 심장병, 위암을 불러일으킨다.

펜실베니아 대학 의학부 교수 존 H. 스토크 박사는 일찍이 전 미국 의학 협회에서 〈장기(臟器)의 합병증으로서의 기능적 노이로제〉라는 제목으로 연구 보고를 했는데 그 논문 가운데 '환자의 정신 상태에 대한 탐구'로 열한 가지 조건을 들고 있다. 그 첫째 항목은 다음과 같다.

"하지 않으면 안 된다는 관념 또는 의무감. 오직 하지 않으면 안 되는 일의 그칠 줄 모르는 긴장."

그러나 책상 위를 정돈하고 결단을 내리는 기본적인 방법만으로 고혈압, 의무감, 하지 않으면 안 되는 일이 불러일으키는 끊임없는 긴장을 방지할 수 있을까?

유명한 정신과 학자 윌리엄 새들러 박사는 이 간단한 방법을 사용함으로써 신경 쇠약을 방지할 수 있었던 한 환자의 이야기를 들려주었다.

그 사나이는 시카고의 큰 회사 중역이었는데 새들러 박사를 찾아왔을 때는 긴장과 신경 과민으로 금방 쓰러질 지경이었다. 그러나 일에서 손을 뗄 수는 없었기에 의사의 도움을 구하고자 했다. 새들러 박사는 이렇게 말했다.

"이 사나이가 이야기를 하고 있을 때 전화벨이 울렸다. 병원에서 걸려 온 전화였다. 나는 그 용건을 그 자리에서 처리했다. 그것이 끝나자 또 다시 전화가 걸려 왔다. 이번에는 시간을 다투는 중요한 문제였으므로 한참 동안 이야기했다. 세 번째로는 내 동료가 방문했다. 그는 중태에 빠진 환자에 대한 내 의견을 들으러 왔던 것이다. 그 일이 끝나자 나는 손님 쪽을 향해 오래 기다리게 해서 미안하다고 사과했다. 그러나 그는 오히려 명랑한 얼굴을 하고 있었다."

"괜찮습니다, 선생님!"

이 사나이는 새들러에게 말했다.

"기다리는 10분간 나는 내 자신이 잘못했다는 것을 알았습니다. 사무실로 되돌아가 일하는 습관을 바꾸겠습니다. 그런데 선생님, 실례지만 책상 속을 보여 주실 수 없겠습니까?"

새들러 박사는 책상 서랍을 열었다. 안은 텅 비어 있었다.

"혹시 처리가 덜 된 일은 어디에 두고 계십니까?"

환자는 물었다.

"전부 처리가 끝났습니다."

새들러 박사는 말했다.

"답장을 주지 않은 편지 같은 것은요?"

"한 통도 없습니다. 나는 편지를 받으면 곧 답장을 하고 있습니다."

그로부터 6주 후 이 중역은 새들러 박사를 그의 사무실로 초대했다. 그는 변해 있었다. 그리고 그의 책상도 변해 있었다. 그는 책상 서랍을 열어 보이면서 책상 속에 미처리 서류가 없다는 것을 보여 주었다. 그는 말했다.

"6주일 전 나는 두 개의 사무실에 책상 세 개를 쓰고 있었습니다. 책상은 온통 처리되지 않은 서류로 파묻혀 있었습니다. 일이 그칠 사이가 없었습니다. 당신과 이야기를 하고 난 뒤 되돌아와 일단 보고서와 낡은 서류들을 전부 치워 버렸습니다. 지금 나는 하나의 책상에서 일을 하고 일이 생기면 곧 처리해서 초조하거나 긴장하는 일이 전혀 없습니다. 그러나 가장 놀란 것은 나의 병이 완전히 치료되었다는 사실입니다. 나에게는 이제 아픈 곳이 없습니다!"

미국 대심원(大審院)의 원장이었던 찰스 에반스 휴스는 말했다.

"인간은 과로가 아닌 낭비와 고민으로 죽어간다."

두 번째 습관 : 중요도에 따라 일을 처리하라

시티즈 서비스 컴퍼니의 창립자 헨리 L. 두허디는 높은 급료와는 관계없이 쉽게 발견할 수 없는 재능이 둘 있다고 말했다.

하나는 생각하는 능력, 또 하나는 중요성에 따라 일을 처리해 가는 능력이다.

무일푼으로 시작해 13년 동안 페프소던트 회사의 사장으로 있게된 찰스 러크먼은 그 자신이 헨리 두허디가 거의 발견할 수가 없다고 말한 두 가지 재능을 발전시킨 덕택으로 성공했다고 단언하고 있다. 찰스 러크먼은 말했다.

"나는 오래 전부터 아침 다섯 시에 일어난다. 이른 아침에는 어느때보다도 맑은 정신으로 생각할 수 있기 때문이다. 즉 하루의 계획을 세우고 일을 그 중요성에 따라 처리할 계획을 세우려면 이른 아침이 제일 좋다."

미국에서 가장 성공한 보험 설계사 중 한 사람인 프랭클린 베드거는, 하루의 계획을 세우는 데 아침 다섯 시를 넘기지 않는다. 그는 전날 밤에 이튿날 팔 보험액을 결정한다. 만일 팔다 남으면, 그 액수를 다음날 목표액에 추가한다.

나는 오랜 경험을 통해 인간이 반드시 일을 중요도에 따라 처리하는 것은 아니라는 사실을 알고 있다. 그러나 계획을 짜는 것은 닥치는 대로 하는 편보다 훨씬 좋은 결과를 가져온다.

만일 조지 버나드 쇼가 이 우선순위 법칙을 엄중히 준수하지 않았다면 아마도 그는 작가로서 실패했을 것이고, 일생을 은행 출납을 담당하는 일로 끝냈을지도 모른다.

그의 계획은 반드시 매일 5페이지씩 글을 쓰는 일이었다. 그는 9년 간 계속해서 5페이지씩 계속 글을 썼다. 그 9년 동안의 소득은 30달러, 하루 1페니밖에 되지 않았지만 매일매일 일의 계획을 세워서 썼던 것이다.

세 번째 습관 : 문제에 직면하거든 곧 그 자리에서 해결하라. 만일 결단에 필요한 사실을 파악하고 있다면 결단을 미루지 말라

한 번은 내 클래스의 학생이었던 H.P. 하우엘이 이런 이야기를 한 적이 있다.

그가 U.S. 스틸의 이사역이었을 때 이사회의에서 언제나 다수의 의안이 심의되었으나 대부분 그 결정이 보류된 채 넘겨졌다. 그 결과, 각 이사역은 수많은 보고서를 집으로 가지고 돌아와 연구하지 않으면 안 되었다.

드디어 하우엘은 한 번에 한 의안만을 심의 결정하자고 전원을 설득했다. 결정을 연기하거나 보류시키지 말자는 것이었다. 새로운 보고를 요한다고 하더라도 그 전의 것이 결정되지 않았다면 다음 의안으로 넘어가지 않기로 했던 것이다.

그 결과는 정말 훌륭했다. 각서와 일정표는 깨끗하게 정리되었고 보고서를 집으로 가지고 갈 필요도 없어졌다.

네 번째 습관 : 조직화, 대리화, 지휘화하라

사업가 중에는 모든 직무를 혼자서 강행하려고 하다가 요절하는 사람이 많다. 그들은 혼란에 압도되어 고민, 불안, 긴장, 초조에 쫓기게 된다. 책임을 위임하는 방법을 배우는 것은 매우 어려운 일이다. 부정한 사람에게 실권을 위임하면 재난이 일어나기도 한다. 그러나 고민, 긴장, 피로에서 벗어나고 싶다면 이처럼 위임하지 않으면 안 된다. 대사업가로서 조직화, 대리화, 지휘화하는 일을 배우지 않는다면 50세나 60세 초기에 심장병으로 급작스레 죽을 수도 있다. 오늘부터 신문의 부고난을 잘 보도록 하라.

23

권태를 극복하는 방법

피로의 주된 원인 중 하나는 권태이다. 여기 속기사 엘리소를 보도록 하자.

어느 날 밤, 엘리소는 몹시 피곤에 지쳐 집에 돌아왔다. 두통에다가 등골도 쑤셨다. 저녁 식사를 거르고 그냥 침대로 들어가려 했지만 어머니의 만류 때문에 간신히 식탁에 앉았다. 마침 전화벨이 울렸다. 남자 친구로부터 온 전화였다. 댄스 파티에 오라는 것이다. 그러자 그녀의 눈이 갑작스레 빛났고 기운이 났다. 그녀는 이층으로 올라가 옷을 갈아입은 뒤 파티장으로 직행해 새벽 세 시 무렵까지 춤을 추었다. 그리고 집으로 돌아온 뒤에도 피로하기는커녕 기분이 들떠 잠을 이루지 못할 정도였다.

물론 엘리소는 여덟 시간 전만 해도 정말 피로해 있었다. 그녀는 자기 일을 따분해하는 것은 물론 인생에 싫증을 느끼고 있었다. 그리고 엘리소와 같은 사람은 수백만 명이며 당신도 그 중 한 사람일 는지 모른다.

인간의 감정적 태도가 육체 노동보다 더 가혹한 피로를 몰고온다 는 것은 잘 알려진 사실이다. 수년 전 조세프 E. 바마크는 '심리 기 록' 속에서 권태가 피로의 원인이 된다는 사실을 입증했다. 학생들 에게 지루한 테스트를 시키자 학생들은 졸거나, 두통, 눈의 피로 등 을 호소하는 등 초조해졌다. 위에 이상을 나타낸 학생도 있었다. 그 이후 신진대사 테스트를 해 본 결과, 권태를 느끼면 인체의 혈압과 산소 소비량이 감소하고 흥미와 기쁨을 느끼면 신진대사의 속도가 증가된다는 사실을 알았다.

인간은 흥미롭고 흥분되는 일을 할 때에는 좀처럼 피로해지지 않 는다.

실례로 나는 최근 루이스 호반의 캐나다 록키 산맥에서 휴가를 보냈다. 며칠간 코럴 크리크를 따라가면서 험하고 높은 덩굴을 헤 치다 나무 뿌리에 걸려 쓰러졌으며, 쓰러진 나무 밑을 빠져나가 낚 시질을 하며 돌아다니기도 했다. 그리고 이렇게 여덟 시간 동안 계 속 행군했는데도 조금도 피로하지 않았다. 가슴이 흥분과 즐거움으 로 가득 차 있었기 때문이다. 나는 낚시할 때 월척을 여섯 마리나 낚아 올렸고 무엇과도 비할 수 없는 성취감에 젖어 있었다. 그러나 만일 낚시질에 싫증을 느꼈다면 내 기분은 달라졌을 테고 결국 해 발 7천 피트의 고지에서 심한 녹초가 되었을 것이 틀림없다.

등산과 같은 격심한 운동에서도 권태는 적이다. 미니애폴리스의 은행가 S.H. 킹맨이 이 사실을 입증해 주었다.

1943년 7월, 캐나다 산악회는 특수 유격대원의 등산 훈련에 필요한 가이드를 뽑았다. 그리고 킹맨은 이 가이드의 한 사람으로 뽑혔다. 이리하여 40세에서 47세에 이르는 가이드들은 젊은 군인들을 인솔한 채 빙하와 눈벌판을 횡단하며 40피트나 되는 벼랑을 기어올라갔다. 또한 작은 요호 계곡에 있는 몇 개의 이름 모를 정상에도 올랐다. 이렇게 15시간에 걸친 등산 후 원기 발랄했던 군인들은 지치고 말았다.

과연 그들의 피로감은 혹한 때문이었을까? 그러나 군인들은 격심한 유격훈련에 익숙한 자들이었다. 그들은 다만 등산에 흥미가 없었고 극도의 피로에 젖어 식사도 거른 채 잠이 들었다. 그러나 군인들보다 그 나이가 두세 배나 많았던 가이드들은 훨씬 생기발랄했다. 가이드들은 저녁 식사를 하고 몇 시간 동안이나 이런저런 이야기를 나누었다. 그들이 쉽게 지치지 않았던 것은 등산에 흥미를 가지고 있었기 때문이다.

콜롬비아 대학의 에드워드 손다이크 박사는 몇 사람의 청년들에게 끊임없이 흥미로운 일을 시키며 약 1주일 동안 잠을 재우지 않았다. 그 결과 그는 능률을 감퇴시키는 유일한 원인은 권태이다라고 보고하고 있다.

만일 당신이 정신 노동자라면 일의 분량 때문에 지치지는 않을 것이다. 다만 하기 싫은 일의 분량이 당신을 지치게 만드는 것이다. 가령 당신의 일이 제대로 이루어지지 않았을 때를 생각해 보자. 편지의 답장도 쓰지 않고 약속도 어겼다. 또한 여러 가지 문제가 있었고 뜻대로 되는 일이 하나도 없었다. 당신이 한 일은 모두가 허탕으로 끝났으며 당신은 맥이 풀려 집으로 돌아왔다. 머리는 깨어질 듯이 아프고 말이다. 그런데 다음날은 모든 것이 순조로웠다. 전날의 40배나 되는 여러 가지 일을 할 수가 있었다. 그럴 때 당신은 하얀 눈꽃 같은 산뜻한 기분으로 돌아올 것이다.

여기에서 우리가 배울 점은 우리의 피로가 일 그 자체가 아닌 고민, 좌절, 원한으로부터 비롯된다는 것이다.

이 장을 집필하던 중 나는 제럼 카인의 즐거운 뮤지컬 코미디 〈쇼보트〉를 보러 갔다. 코튼 브로삼의 엔디 선장은 그의 철학적 막간극 중에서 '좋아하는 일을 할 수 있는 사람은 행복한 사람들이지' 하고 말했다. 보다 많은 에너지와 행복을 가지고 고민과 피로를 적게 느끼기 때문이다. 누구나 흥미 있는 일을 할 때는 정력이 넘친다. 잔소리 심한 아내를 데리고 1마일을 걷는 것은 사랑하는 애인과 10마일을 걷는 것 이상으로 피곤한 일이다.

여기서 어떤 속기사가 했던 실례를 소개하겠다.

그녀는 오클라호마의 어느 석유 회사에 근무하고 있으며 매월 1주일 동안 상상도 할 수 없을 정도로 단조롭고 지루한 일을 하고 있었다. 인쇄되어 있는 대차 계약서에 숫자나 통계를 써 넣는 일이었는데 그녀는 일이 너무나 지루한 나머지 스스로를 방어하기 위해 그것을 재미있게 바꾸려고 결심했다. 그녀는 매일 아침마다 작성한 계약서의 수를 헤아렸고 오후에는 그 이상을 작성하려고 노력했다. 그리고 나서 하루의 합계를 내고 이튿날은 또 그 이상을 작성했다. 그 결과 그녀는 자기가 소속해 있는 과(課)의 속기사 중에 누구보다도 많은 계약서를 작성할 수가 있었다. 물론 그 일이 칭찬, 감사, 진급 또는 봉급인상이라는 결과를 가져다 주지는 않았다. 다만 그녀는 권태로부터 오는 피로를 방지했고 그로 인해 정신적 자극을 얻었다. 그리고 보다 많은 에너지와 열의로 여가를 즐길 수 있었다.

이 이야기는 실제 있었던 일이다. 내가 이 처녀와 결혼했기 때문이다.

다음에는 또 한 명의 성공한 속기사 이야기를 들어 보자. 그녀는 일리노이 주 엔름허스트에 사는 바리 G. 고울던으로 다음과 같은 편지를 써 보내 왔다.

"우리 사무실에는 속기사가 네 명 있는데 각기 네다섯 통의 편지를 할당받았습니다. 때때로 우리들은 일이 한꺼번에 밀리면 진땀을 뺐지요. 어느 날, 한 부부장이 장문의 편지를 다시 쓰라고 하기에 나는 거절했습니다. 그리고 이 편지들은 다시 쓰는 대신 정정하면 된다고 말했습니다. 그랬더니 부부장은 이 일을 딴 사람에게 맡기겠다고 불쾌한 어조로 말했습니다.

나는 화가 났지만 결국 그것을 다시 쓰면서 내 동료들이 그 일을 맡고 싶어한다는 것을 알게 되었습니다. 게다가 나는 이 일 때문에 급료를 받고 있는 것이 아닙니까.

이렇게 생각하자 다소 침착해져 조금이나마 일을 즐기는 척했고 그러자 정말로 그 일이 조금씩 즐겁게 느껴졌습니다. 또 일이 즐거워지자 능률도 오르더군요. 지금 나는 시간 외 근무할 필요가 없어졌습니다. 마음가짐을 새로이 한 덕분에 칭찬을 받기 시작했고 부장의 전속 비서로 추천되기도 했어요. 이처럼 마음가짐을 바꾸는 데서 생기는 힘은 내게 정말로 중요한 발견이었습니다."

한 마디로 고울던은 한스 바이힌겔 교수의 기적을 낳은 '그런 척하다'의 철학을 사용한 셈이다. 그는 우리에게 마치 행복한 것처럼 행동하라고 말하고 있다. 만일 당신이 어떤 일에 '흥미 있는 체' 행동하면 그 사소한 행동이 진실이 된다. 따라서 피로, 긴장, 고민은 감소된다.

몇 해 전, 하이런 A. 허와드는 따분한 일을 재미있게 하기로 큰 결심을 했다. 그리고 그 결심이 일생을 바꾸었다. 그의 일은 전혀 보잘것없는 것이었다. 다른 소년들이 야구를 하거나 여자 아이들을 놀리고 있을 때 그는 고등학교 식당에서 접시와 카운터를 닦거나 아이스크림을 내주는 일을 했다.

그는 자기 일을 경멸했지만 사정상 그만둘 수는 없었으므로 아이스크림에 대한 것을 연구하기로 결심했다. 어떻게 해서 만들어지는가, 어떤 재료가 쓰이고 있는가, 왜 맛있는 것과 맛없는 것이 있는

가. 이처럼 꾸준히 아이스크림의 화학 반응을 연구한 결과 그는 고등학교 화학 코스의 우등생이 되었다.

이후로도 점점 영양 화학에 흥미를 가지게 되어 매사추세츠 주립 대학에 입학, 식품 화학을 전공했다. 그리고 뉴욕의 코코아 거래소가 모집한 코코아와 초콜렛의 이용에 관한 현상 논문 공모에 입선하여 상금 1백 달러를 받기도 했다.

졸업을 했으나 취직이 힘들자 그는 매사추세츠 주 아마스트의 자기 집 지하실에 개인 연구소를 만들었다. 그 후, 드디어 우유 속의 박테리아 함유량을 계산하라는 새로운 법률이 시행되었다. 허와드는 아마스트에 있는 14개의 우유 회사를 위해 박테리아를 계산하는 일을 인수했다. 그리고 조수를 두 사람이나 고용했다.

지금으로부터 25년 후에 그는 어떻게 될 것인가? 그 즈음 되면 현재 영양 화학에 종사하고 있는 사람들은 은퇴하거나 세상을 떠날 것이다. 그리고 열의 있는 젊은이들이 그 업적을 인계할 것이다. 그리고 하이런 허와드는 아마도 그가 종사하고 있는 분야에서 지도자로 인식될 것이 틀림없다. 그리고 카운터 너머 아이스크림을 샀던 급우들은 평범하게 지내거나 아예 그보다 못한 삶을 살 수도 있다. 만일 그가 그 따분한 일을 재미있게 하려고 결심하지 않았다면 기회는 찾아오지 않았을 것이다.

오래 전 볼트를 만드는 샘이라는 젊은 사나이가 있었다. 그는 그 일을 그만두고 싶었지만 막상 일자리를 찾기 힘들 것 같아 계속 그 일을 하고 있었다. 그래서 이렇게 된 이상 어떻게든 이 일을 재미있게 해보려고 노력했다. 그는 가까운 직공과 경쟁하기로 했다. 한 사람은 거친 표면을 매끈하게 깎고 다른 한 사람은 그 볼트를 적당한 직경으로 자르는 일을 맡았다. 그들은 신호와 함께 기계에 스위치를 넣고 누가 더 일을 많이 하나 내기를 했다.

그 결과 현장 주임은 샘의 일 처리 속도와 그 정확함에 탄복한 나머지 그를 좀 더 좋은 일자리로 돌려주었다. 그것이 승진할 수 있는 첫발이었으며 30년 후 샘, 즉 사무엘 보클레인은 볼트윈 기관차 제조 공장의 사장이 되었다.

여기 또 한 사람, 유명한 라디오 뉴스 해설자 H.V. 칼텐보트가 있다. 그는 22세 때 가축 수송선에 올라타 소에게 사료와 물을 주는 잡일을 하며 대서양을 건넜다. 그리고 영국에서의 자전거 여행을 끝낸 뒤 파리에 도착했고 몹시 배가 고팠다. 그러나 주머니 속에는 한 푼도 없었다. 그는 5달러에 카메라를 저당 잡힌 뒤 〈뉴욕 헤럴드〉의 파리 판에 구직 광고를 내어 입체 환등기 세일즈맨 일자리를 얻었다. 40세 전후의 사람이라면 눈앞에 들어올려 보던 저구식 입체 사진경을 상기할 것임에 틀림없다. 입체 사진경 속 두 개의 렌즈는 제3차원의 작용으로 두 개의 영상을 하나로 만들어 보이고, 그래서 물체의 원근이 실경(實景)처럼 눈에 비친다.

칼텐보트는 프랑스어를 하지 못하는 상태에서 이 기계를 집집마다 팔러 돌아다녔고 1년 동안 5천 달러를 벌었다. 그는 세일즈맨으로는 최고였다. 그는 그때 1년간의 경험이 하버드 대학의 1년간 공부보다 유익했다고 말했다. 이대로 간다면 '국회 의사록'이라도 팔 수 있겠다는 마음이 들었다는 것이다.

이 경험으로 그는 프랑스인에 대해 깊이 이해할 수 있었고 이것은 이후 유럽의 시사를 해설하는 데 큰 도움이 되었다.

그렇다면 그는 프랑스어도 못하면서 어떻게 일류 세일즈맨이 되었을까? 그는 먼저 고용주에게 판매에 필요한 말을 프랑스말로 적어 달라고 한 뒤 그것을 암기하고 나서 출입문의 벨을 눌렀다. 그리고 주인이 나오면 우스꽝스런 악센트로 암기한 말들을 소리쳤다. 그리고 나서 사진을 보인 뒤 상대가 뭐라 질문을 하면 어깨를 추켜올리고 '저는 미국 사람입니다'라고 말한다. 그리고 모자를 벗고 뒷면에 붙여 놓은 판매용 프랑스어 문구를 손으로 가리킨다. 상대가 웃으면 따라 웃었다. 그리고는 다른 사진을 보여주는 식이었다. 칼텐보트는 물론 쉽지는 않았지만 일을 재밌게 하려는 의지 덕에 끝까지 해낼 수가 있었다고 말했다. 매일 아침 그는 출발하기 전에 거울을 들여다보면서 자기에게 기합을 넣었다.

"칼텐보트, 이것을 하지 않고서는 밥도 굶게 되고 말 것이다. 하지 않으면 안 되는 이상 이왕이면 유쾌하게 해 보자. 문간에서 벨을 누를 때 스스로를 관중 앞에 서 있는 배우로 상상하자. 구경꾼이 너를 쳐다보고 있다고 상상해 보면 어떨까. 결국 네 일은 무대 위의 연극과 마찬가지로 우스꽝스럽다. 그렇다면 좀 더 정열과 흥미를 쏟을 수 있지 않을까."

칼텐보트는 이 같은 격려의 말이 그 일을 재미있고 유익하게 바꾸어 주었다고 얘기하고 있었다.

성공을 갈망하는 청소년들에게 충고를 해달라고 말하자 그는 "우선 아침마다 자기를 매로 한 대씩 쳐라. 우리는 곧잘 반쯤 잠이 덜 깬 상태에서 빠져 나오기 위해 육체적 운동이 필요하다고 운운하지만 사실 아침마다 우리를 행동으로 고무(鼓舞)하기 위해서는 정신적 운동이 필요하다. 매일 자기에게 기합을 넣어야 한다."

이것이야말로 건전한 심리학의 진수다.

우리의 인생은 우리의 사고에 의해 만들어진다.

이 말은 18세기 전에, 마커스 오릴리어스의 〈명상록〉에 나온 구절이다.

24

불면증을 예방하는 방법

밤에 잠을 잘 수 없을 때 어떻게 하는가?

유명한 법률학자 사무엘 언터마이어는 일생 동안 잠을 푹 잔 적이 없었다.

그는 대학에 다닐 때 천식과 불면증으로 몹시 고통을 받았다. 그는 그 병들이 나을 것 같지 않았기에 결국 차선책을 취하기로 결심했다. 그 불면의 시간을 다른 일에 이용하는 것이다. 그는 잠이 안 올 때 공연히 고민하지 않고 침대에서 일어나 공부를 했다. 그 결과 그는 우등상을 독차지했고 뉴욕 시립대학의 천재라는 칭송을 받았다.

변호사로 개업한 후에도 불면증은 계속됐지만 사무엘 언터마이어는 고민하지 않았다. 그는 '자연이 나를 지켜 준다'고 말하고 있었는데 그것은 사실이었다. 수면 양은 적었지만 건강했고 뉴욕 법조계의 어느 청년 변호사보다도 훌륭하게 활동했다. 또 누구보다도 많이 일했다. 남들이 자고 있는 동안도 일했으니 말이다.

21세에 사무엘 언터마이어는 1년간 7만5천 달러를 벌어들였다. 청년 변호사들은 그 비결을 배우고자 법정으로 몰려들었다. 1931년, 그는 어떤 사건을 맡아 사상 최고인 1백만 달러를 받았다.

그의 불면증은 계속되었다. 깊은 밤의 절반을 독서로 보냈고 아침 다섯 시에 일어나 편지를 말로 전했다. 대부분의 사람이 일을 시작하려 하는 시간에 그의 일은 벌써 절반이 끝나고 있었다. 그는 일생 동안 깊은 잠을 몰랐지만 81세까지 장수를 누렸다. 그러나 만일 불면증을 고민했더라면 아마도 스스로의 몸을 파멸시켰을 것이다.

인간은 인생의 3분의 1을 수면에 소비하면서도 진짜 수면의 의미를 알지 못한다. 우리는 잠이 습관이자 휴식 상태로서 자연의 보호라는 점은 느끼지만 자신에게 몇 시간의 수면이 필요한가, 수면이 절대 필요한가에 대해서는 알지 못한다.

제1차 세계대전 중 폴 케룬이라는 헝가리 병사가 대뇌엽의 전단에 관통상을 입었다. 부상은 완치되었지만 그 뒤부터 그는 불면증에 시달렸다. 의사는 진정제와 수면제를 비롯해 최면술까지 시도했지만 효과가 없었다. 케룬은 잠들기는커녕 졸음조차 느끼지 않았다.

의사들은 모두 그가 오래 살지 못할 것이라고 말했다. 그러나 이후 그는 그 의견을 비웃듯 취직까지 해서 오랫동안 건강하게 살았다. 그는 언제나 누워서 눈을 감고 휴식했지만 잠이 들지는 않았다.

그리고 그의 예는 수면에 대한 상식을 뒤집어엎은 의학상의 수수께 끼로 남았다.

어떤 이들은 다른 사람들보다도 더 많은 수면을 필요로 한다. 토스카니니는 하룻밤에 다섯 시간을 자면 충분했지만 칼빈 크리디는 그 배인 열한 시간 이상이나 잤다. 즉 토스카니니는 일생의 5분의 1을, 크리디는 절반을 수면에 소비한 셈이다.

불면증에 대해 고민하는 것은 불면증 이상으로 건강에 해가 된다. 가령 내 클래스의 학생이었던 뉴저지 주 리치필드 바크의 아이라 샌드너는 만성 불면증 때문에 자살 직전까지 이르렀다.

"미칠 것 같았습니다. 그 전에는 깊은 잠을 잘 잤고 심지어는 탁상시계가 울려도 눈이 떠지지 않아 아침 출근길에 곧잘 지각하곤 했습니다. 아침에 일어나는 것이 고통스러웠고 자주 지각을 하자 주의를 받았습니다. 이러다가 해고당할지도 모른다고 생각이 들어 친구에게 의논했습니다. 그러자 그 친구는 자기 전에 탁상시계에 주의력을 집중해 보라고 가르쳐 주었습니다. 그런데 그것이 불면증의 원인이 되었어요. 그 진절머리나는 탁상시계의 똑딱거리는 소리에 홀린 것입니다.

나는 밤새도록 그것에 신경이 거슬려 엎치락뒤치락거렸고 조금도 잠을 이룰 수가 없었습니다. 이 상태가 8주일간 계속됐는데 그때의 고통은 도저히 말로는 표현할 수 없었습니다. 나는 미치기 일보 직전이었어요. 때때로 몇 시간씩이나 방안을 돌아다녔고 차라리

창에서 뛰어내려 삶을 끝장내 버릴까 하는 생각도 가끔 했습니다. 마침내 나는 그전부터 잘 알고 있는 의사를 찾아갔습니다.

의사는 이런 말을 했습니다. '아이라, 나로서는 어떻게 할 수가 없네. 다른 사람도 마찬가지야. 밤에 침대에 들어가 잠을 이룰 수가 없거든 그것을 잊어 버리게. 그리고 자신에게 자지 못해도 괜찮다, 아침까지 깨어 있어도 아무렇지도 않다고 타이르는 걸세. 그리고 눈을 감은 채 이렇게 말하는 거야. 가만히 누워서 고민하지 않으면 아무튼 휴식이 되는 거다.'

나는 그 말대로 했습니다. 그리고 3주일이 되었을 무렵 잠을 자게 되었고 한 달이 채 못 되어 여덟 시간 동안 수면을 취할 수 있게 되었죠. 신경은 그전의 상태로 돌아왔습니다."

이 사나이를 자살 직전까지 몰아넣었던 것은 불면증이 아니라 그것에 대한 고민이었다.

수면 연구의 권위자 시카고 대학 나사니엘 클레이트먼 박사는 불면증이 원인이 되어 죽었다는 예는 들은 일이 없다고 단언한다. 확실히 불면증에 걸리면 차차 생존 능력을 잃고 병균 때문에 목숨을 잃지만, 그것은 어디까지나 고민 때문이지 불면증 그 자체가 원인은 아니라는 말이다.

클레이트먼 박사는 또 불면증을 고민하는 사람들은 그들이 생각하는 것보다 훨씬 많이 자고 있다고 말한다. '어젯밤 한 잠도 못잤다'고 해도 사실 자신도 모르게 몇 시간을 잤는지도 모른다. 가령

19세기의 가장 우수한 사상가의 한 사람인 허버드 스펜서는 늙은 독신자로 하숙 생활을 하고 있었지만, 언제나 불면증 이야기를 해서 같은 하숙집에 있는 사람들을 따분하게 만들었다. 그는 소음을 싫어해 늘 귀를 막고 있었다. 또 잠을 청하기 위해 아편을 먹었다.

어느 날 밤, 그는 옥스퍼드 대학의 에이스 교수와 어떤 호텔 방에 묵었다. 이튿날 아침, 스펜서는 밤새도록 한 잠도 못잤다고 말했으나 실제로는 잠을 못 잔 것은 에이스 교수였다. 그는 스펜서의 코고는 소리에 밤새 잠을 이루지 못했던 것이다.

깊은 잠을 자기 위한 첫째 요건은 안정감이다. 우리 자신보다도 위대한 힘이 아침까지 우리를 수호해 준다고 느끼는 것이 필요하다. 토머스 히스로프 박사는 영국 의학 협회 강연에서 다음과 같은 점을 강조했다.

"나의 오랜 경험에 의하면 가장 깊은 잠을 자도록 해 주는 힘은 기도이다. 나는 종교인이 아닌 의사의 입장에서 이렇게 말하고 있는 것이다. 기도는 그것을 습관적으로 행하는 사람들에게 가장 적절하고 안전한 진정제 역할을 한다."

자네트 맥도날드는 잠을 못 잘 때에는 언제나 성경 제123편의 '여호와는 나의 목자시니 내 가난할 것 없도다. 여호와는 나를 푸른 들에 눕게 하고 안식의 물가로 나를 인도하소서'의 대목을 되풀이함으로써 안정감을 얻었다고 말했다.

그러나 만일 당신이 종교인이 아니라면 물리적 방법으로 몸을 푸는 수밖에 없다. 〈신경적 긴장으로부터의 해방〉의 저자인 데이비드 핑크 박사는 자기 신체와 이야기를 나누라고 말한다. 핑크 박사에 의하면 말은 모든 최면 상태의 열쇠다. 아무리 애써도 잠들 수 없는 것은 당신이 스스로에게 자꾸 얘기를 걸기 때문이다.

이것을 고치려면 자기 최면에서 깨어나야만 한다. 그리고 "몸을 풀라, 몸을 풀라, 그리고 푹 쉬어라."고 몸의 근육을 타이르지 않으면 안 된다. 근육이 긴장하고 있는 동안은 마음도 신경도 편안할 수가 없다. 그러므로 만일 우리가 자고 싶다면 우선 근육부터 시작하자. 핑크 박사는 다음과 같이 권고하고 있다. 발의 긴장을 늦추기 위해서 무릎 밑에 베개를 받친다. 같은 이유에서 팔 밑에도 조그만 베개를 놓는다. 그리고 나서 턱, 눈, 팔, 발에게 편히 쉬라고 타이르면 어느 틈인가 잠들어 버린다. 나 역시 이에 대한 경험이 있다. 불면증에 고민하는 사람들은 핑크 박사의 저서를 한 번 읽어 보기로 하자.

또한 원예, 수영, 테니스, 골프, 스키 및 그 밖의 육체적인 동작으로 신체를 피로하게 만드는 것도 좋은 방법이다. 데어돌 드라이저는 그렇게 시행했다. 무명의 청년 작가였을 때 그는 불면증으로 크게 고생했다. 그래서 뉴욕 중앙 철도의 보선공으로 취직해 침목에 못을 박기도 하고 자갈을 퍼 나르기도 하며 하루 종일 운동을 했다. 그 결과 그는 집으로 돌아오면 식사도 하지 않고 잠들어 버렸다.

몹시 피곤하면 길을 걷다가도 잠드는 수가 있다.

내가 열세 살 때, 하루는 아버지와 함께 살 찐 돼지를 화차에 싣고 미주리 주의 세인트 조우로 갔다. 아버지는 철도의 무임 승차권을 두 장 가지고 있었으므로 나를 데리고 간 것이다. 나는 태어나서 처음으로 사람이 4천 명 이상 있는 도시에 가 보는 셈이었다. 인구가 6만이나 되는 세인트 조우에 도착하자 나는 흥분에 휩싸였다. 높이가 6층이나 되는 마천루와 난생 처음으로 전차도 보았다. 지금도 눈을 감으면 그때의 전차 소리가 들리는 것 같다.

일생 중 가장 자극적이고 흥분된 하루를 보낸 나는 부친과 함께 미주리 주 레이븐우드로 돌아가는 기차에 올랐다. 기차는 새벽 두 시에 그곳에 도착했지만 우리는 농장으로 돌아가느라 4마일이나 걷지 않으면 안 되었다. 그리고 여기에 본론이 있다. 신기하게도 나는 아주 지친 탓에 걸음을 걸으면서 잠을 잤고 또 꿈까지 꾸었다.

완전히 피로할 때 인간은 전쟁의 위험, 공포, 포화 속에서도 잠을 잔다. 유명한 정신병 학자 포스터 케네디 박사는 1918년 영국 제5군단이 후퇴할 때 병사들이 아주 지쳐서 땅 위에 쓰러져 자고 있는 것을 목격했다. 손가락으로 그들의 눈꺼풀을 들쳐 보았으나 눈을 뜨지 않았다. 그리고 그들의 동공이 모두 위쪽으로 돌아가 있는 것을 알았다. 케네디 박사는 다음과 같이 말한다.

"그 이후 나는 잠이 오지 않을 때에는 눈동자를 위로 회전시키는 운동을 하기로 했다. 그러면 곧 하품이 나오고 졸음이 온다. 이것은 자동 반사 작용으로 자기 스스로 제어할 수 없는 것이다."

이때까지의 인류사에서 수면을 거부하기 위해 자살한 사람은 없었다. 자연은 인간의 의지력에도 불구하고 그에게 잠자기를 강제한다. 자연은 우리를 오랫동안 식물이나 물을 주지 않고 방치하지만 수면 없이는 결코 오랫동안 방치하지 않는 것이다.

헨리 C. 링크 박사의 〈인간의 재발견〉이라는 저서를 보자. 그는 〈공포와 고민의 극복에 대하여〉라는 제목의 글 속에서 자살을 기도했던 한 환자에 대해 말하고 있다. 링크 박사는 논쟁은 공연히 사태를 악화시킬 뿐이라는 것을 알고 있었다. 그래서 그는 그 환자에게 말했다.

"이왕 자살하려 한다면 영웅적인 방법으로 하시오. 가령 거리의 한 구역을 달려가다가 마지막에 가서 쓰러져 죽는 것은 어떻소?"

그 환자는 말한 대로 해 보았다. 한 번이 아니라 두 번 세 번이나 했다. 그때마다 이상하게도 기분이 좋아졌다. 사흘째 되는 날 밤, 그는 육체적으로 완전히 지쳐(그리고 육체적으로 긴장이 풀려) 막대기처럼 곧은 자세로 잠들어 버렸다. 링크 박사는 처음부터 이것을 노리고 있었던 것이다.

그 후 그는 체육 클럽에 가입하여 경기에 출전하게 되었고 몸도 회복되었다.